电子竞技专业教育丛书

电子竞技场馆运营与管理

主编

七煌原初

一拇指

清华大学出版社
北京

内 容 简 介

本书参考体育类场馆运营和管理的相关资料,结合电子竞技特色类的场馆需求和赛事需要,系统阐述电子竞技相关活动和赛事在电子竞技场馆的举办过程,重点讲解电子竞技场馆的运营管理内容、场馆建设标准,以及场馆相关人员的职责和服务内容标准。

本书可作为高等院校电子竞技运动与管理专业及体育类专业的教材,也可作为电子竞技从业人员知识培训与继续教育的参考用书。

本书封面贴有清华大学出版社防伪标签,无标签者不得销售。
版权所有,侵权必究。举报: 010-62782989,beiqinquan@tup.tsinghua.edu.cn。

图书在版编目(CIP)数据

电子竞技场馆运营与管理/七煌原初,一拇指主编. —北京: 清华大学出版社,2022.9
(电子竞技专业教育丛书)
ISBN 978-7-302-61208-7

Ⅰ.①电… Ⅱ.①七… ②一… Ⅲ.①电子游戏-运动竞赛-体育馆-运营管理-中国 Ⅳ.①G898.3

中国版本图书馆 CIP 数据核字(2022)第 110873 号

责任编辑: 郭　赛
封面设计: 应舜洁
责任校对: 焦丽丽
责任印制: 丛怀宇

出版发行: 清华大学出版社
网　　址: http://www.tup.com.cn, http://www.wqbook.com
地　　址: 北京清华大学学研大厦 A 座　　邮　编: 100084
社 总 机: 010-83470000　　邮　购: 010-62786544
投稿与读者服务: 010-62776969, c-service@tup.tsinghua.edu.cn
质量反馈: 010-62772015, zhiliang@tup.tsinghua.edu.cn
课件下载: http://www.tup.com.cn,010-83470236

印 装 者: 三河市龙大印装有限公司
经　　销: 全国新华书店
开　　本: 185mm×260mm　　印　张: 12　　字　数: 278 千字
版　　次: 2022 年 9 月第 1 版　　印　次: 2022 年 9 月第 1 次印刷
定　　价: 59.90 元

产品编号: 093056-01

编 委 会

策划机构　　七煌原初　上海一拇指文化传媒有限公司

策划人
- 孙博文　七煌集团总裁
- 张　晨　上海竞迹电竞产业发展基地负责人
- 俞　萍　上海一拇指文化传媒有限公司总经理

主　编
- 应舜洁　七煌原初电竞教育负责人

副主编
- 於　骞　上海源竞互娱文化传播总经理
- 刘泽斌　九育教育首席运营官
- 陈　笑　上海毛线互娱文化传播总经理
- 张　倩　上海东方星光电竞联合创始人

编　委
- 朱沁沁　上海电子竞技运动协会秘书长
- 徐　波　上海电子竞技运动协会常务副秘书长
- 王玉晗　上海第二工业大学电子竞技专业教师
- 周学柱　上海电影艺术学院中国电竞学院执行院长

执行编委
- 程宝娟　周昱浏

前言

当今，人们正在进入一个由互联网、人工智能、大数据共同构筑的数字大娱乐时代，各种全新的娱乐场景、消费方式、娱乐载体层出不穷，而电子竞技正是这个时代极具代表性的娱乐方式，它从诞生到发展壮大历经了20多年，目前已经形成一个庞大的产业生态，极大地改变了青年一代的生活方式，并会在日后更加深远地影响一代又一代的年轻人。

随着我国电子竞技事业的快速发展，电子竞技赛事走向正规化、职业化。2003年11月18日，国家体育总局正式批准，将"电子竞技"列为第99号正式体育竞赛项目。2008年，国家体育总局将"电子竞技"改批为第78号正式体育竞赛项。2018年，雅加达第18届亚运会将电子竞技设为表演项目。杭州第19届亚运会将把电子竞技作为正式的比赛项目。由此，电子竞技从边缘化的小众娱乐逐步走向成熟，直至被主流社会认可。

尽管电子竞技比赛是一个虚拟的体育竞技项目，但是它呈现给观众的却是真实的赛场环境。电子竞技赛事需要酷炫的竞技舞台、沉浸式的观众席、高清的LED显示屏、高规格的舞美、专业的解说和裁判团队；选手在舞台上享受着观众的呐喊和赞美，观众在赛场里感受着电子竞技赛事的激情，并享受着声光电技术营造的极致视听体验，这样的一个空间，我们称之为电子竞技场馆，它是电子竞技产业走向成熟的标志性产物，也是推动中国体育产业走向数字化和科技化的基石。

在过去的很长一段时间里，中国的电子竞技赛事基本都是在大大小小的网吧中进行的，后来逐步进入大型的体育场馆，直到2017年6月，中国体育场馆协会发布了第一个电子竞技场馆建设标准——《电子竞技场馆建设标准》，这也是中国体育场馆协会的第一个团标。这份标准不仅将电子竞技场馆划分为A级、B级、C级、D级4级，还对电子竞技场馆的选址、功能分区、软硬件系统做出了明确规定。可即便如此，国内仍然有很多从业者对于电子竞技场馆的功能、定义、建设标准存在着疑惑和偏见。

我们在长期从事电子竞技赛事策划和场馆运营的过程中深切地感受到业内人士对于电子竞技场馆认知的不足，以及主流社会对于电子竞技行业存在的诸多误解和偏见；而电子竞技产业的蓬勃发展需要大量优秀的从业人员。出于对电子竞技事业的热爱和推广与普及电子竞技文化的使命感，我们和资深的电子竞技业内人士联手，结合自己的从业经历和对于电子竞技产业发展的理解，共同编写了这本《电子竞技场馆运营与管理》，并以务实严谨的态度，力求详尽客观地阐述电子竞技场馆这一新兴事物的起源、发展、未来，以让更多的同行和关心电子竞技行业的朋友能够更加理性、全面地了解电子竞技，从而以更加积极健康的心态投身于电子竞技产业发展的时代浪潮之中。

本书有三大"好玩之处"。

（1）有故事。21世纪才诞生的电子竞技场馆居然能和两千年前的古罗马竞技场"攀上亲戚"？请听我娓娓道来。

（2）有干货。你想开一家电子竞技场馆吗？书中有精彩的案例分析和电子竞技场馆设计大咖的武功秘籍，请认真阅读。

（3）有深度。如果你是电子竞技场馆的经营者，书中有专业的场馆管理和经营之道，助你化繁为简，理清企业管理的脉络，成为业内标杆。

虽然本书的写作和修改过程从第一个冬天延续到了第二个冬天，但编者在本书即将面对读者之时，除些许兴奋之余仍难免惴惴不安，一来由于文学功底的稚嫩，可能令读者感觉索然无味；二来由于人生阅历的浅薄，难免会在表述中存在不妥之处；三来在前辈和同行面前班门弄斧，不安在所难免。

真诚希望读者和专家学者批评指正，不胜感激！

编　者

2022 年 5 月

目 录

第1章 电子竞技场馆概述 ◆ 1

1.1 电子竞技场馆的基本概念 ………………………………………………… 1
　1.1.1 电子竞技场馆的定义与性质 ……………………………………… 2
　1.1.2 电子竞技场馆与传统体育场馆的区别 …………………………… 3
　1.1.3 电子竞技场馆的一般分类 ………………………………………… 4
　1.1.4 电子竞技场馆的基本功能 ………………………………………… 10
1.2 电子竞技场馆的时代背景 ………………………………………………… 12
　1.2.1 政策背景——地方政策加速电子竞技馆落实 …………………… 12
　1.2.2 经济背景——电子竞技用户付费意愿和能力提升 ……………… 13
　1.2.3 行业背景——电子竞技赛事主场化提升电子竞技馆需求 ……… 13
　1.2.4 科技背景——前沿科技助力电子竞技文化氛围 ………………… 14
1.3 电子竞技场馆与传统体育场馆发展史 …………………………………… 14
　1.3.1 传统体育场馆的发展 ……………………………………………… 14
　1.3.2 网吧、网咖场馆的发展 …………………………………………… 17
　1.3.3 电子竞技场馆的发展 ……………………………………………… 20
　1.3.4 中国电子竞技场馆的发展趋势 …………………………………… 25

第2章 电子竞技场馆设计 ◆ 27

2.1 电子竞技场馆的选址条件 ………………………………………………… 27
　2.1.1 电子竞技场馆存在的重要性 ……………………………………… 27
　2.1.2 影响电子竞技馆的选址因素 ……………………………………… 28
2.2 电子竞技场馆的区域划分 ………………………………………………… 33
2.3 电子竞技场馆的动线规划 ………………………………………………… 36
　2.3.1 人流动线的概念 …………………………………………………… 36
　2.3.2 电子竞技场馆人流动线基本类型 ………………………………… 37
　2.3.3 人流动线设计原则 ………………………………………………… 38
　2.3.4 引导人流的技巧 …………………………………………………… 39
2.4 电子竞技场馆的跨界运营 ………………………………………………… 41
　2.4.1 电子竞技热助推旅游产业兴盛 …………………………………… 41

2.4.2 电子竞技小镇"蓝海"待开发 ………………………………………… 42
2.4.3 泛娱乐跨界融合 ………………………………………………………… 42
2.4.4 成功案例解析：nice 电子竞技馆与"虾满堂"的跨界营销 ………… 43
2.5 电子竞技场馆的设计 …………………………………………………………… 44
2.5.1 案例一：深圳富士康电子竞技馆 …………………………………… 45
2.5.2 案例二：沐尘电子竞技馆 ……………………………………………… 54
2.5.3 案例三：狄鹿电子竞技馆 ……………………………………………… 60

第 3 章　电子竞技场馆运营　　　76

3.1 电子竞技场馆运营的概念 ……………………………………………………… 76
3.1.1 电子竞技场馆的运营要素 …………………………………………… 76
3.1.2 电子竞技场馆的运营目的 …………………………………………… 78
3.1.3 电子竞技场馆的运营原则 …………………………………………… 79
3.1.4 电子竞技场馆的运营手段 …………………………………………… 80
3.1.5 电子竞技场馆的运营方式 …………………………………………… 80
3.2 电子竞技场馆的租赁业务 ……………………………………………………… 84
3.2.1 场馆电子竞技赛事的租借 …………………………………………… 85
3.2.2 活动场地租借价格 ……………………………………………………… 88
3.2.3 活动场地租借的推广 …………………………………………………… 88
3.2.4 场馆租借合同 …………………………………………………………… 89
3.2.5 活动场地服务与保障流程 …………………………………………… 94
3.3 电子竞技场馆的营运业务 ……………………………………………………… 96
3.3.1 电子竞技场馆的资本运营 …………………………………………… 96
3.3.2 电子竞技场馆的培训服务 …………………………………………… 97
3.3.3 电子竞技场馆的餐饮供应 …………………………………………… 98
3.3.4 电子竞技场馆的零售和展览 ………………………………………… 99
3.4 电子竞技场馆与政府的关系 …………………………………………………… 99
3.4.1 我国企业与政府关系的新变化 ……………………………………… 99
3.4.2 建立符合 WTO 规则的合理的政府与企业的关系 ……………… 100
3.4.3 建立新型政企关系亟待解决的问题 ………………………………… 101

第 4 章　电子竞技场馆管理　　　106

4.1 电子竞技场馆的资产管理 ……………………………………………………… 106
4.1.1 电子竞技场馆设施设备管理基础 …………………………………… 106
4.1.2 电子竞技场馆设施设备的保养维护 ………………………………… 113
4.1.3 电子竞技场馆场地维护 ……………………………………………… 119
4.1.4 电子竞技场馆无形资产管理 ………………………………………… 120
4.2 电子竞技场馆的人员管理 ……………………………………………………… 126

4.2.1　电子竞技场馆的人员结构与岗位编制 …………………………… 126
　　4.2.2　电子竞技场馆的员工招聘与培训 ………………………………… 128
　　4.2.3　电子竞技场馆员工薪酬福利管理 ………………………………… 135
　　4.2.4　电子竞技场馆员工绩效考核管理 ………………………………… 137
　　4.2.5　电子竞技场馆员工劳动关系管理 ………………………………… 140
4.3　电子竞技场馆的财务管理 …………………………………………………… 142
　　4.3.1　电子竞技场馆的财务管理原则 …………………………………… 142
　　4.3.2　电子竞技场馆的收入管理 ………………………………………… 143
　　4.3.3　电子竞技场馆的支出管理 ………………………………………… 149
4.4　电子竞技场馆的安全管理 …………………………………………………… 152
　　4.4.1　电子竞技场馆的社会治安管理 …………………………………… 152
　　4.4.2　电子竞技场馆的消防安全管理 …………………………………… 155
　　4.4.3　电子竞技场馆的卫生安全管理 …………………………………… 161
4.5　电子竞技场馆的票务管理 …………………………………………………… 165
　　4.5.1　场馆售检票系统基本结构 ………………………………………… 166
　　4.5.2　电子竞技场馆票务系统建设基本要求 …………………………… 166
4.6　电子竞技场馆的风险管理 …………………………………………………… 166
　　4.6.1　电子竞技场馆的风险识别 ………………………………………… 167
　　4.6.2　电子竞技场馆的风险应对 ………………………………………… 175
　　4.6.3　电子竞技场馆的风险预警 ………………………………………… 176
　　4.6.4　电子竞技场馆的风险预控实施 …………………………………… 178

附录及参考文献　　181

第 1 章

电子竞技场馆概述

1.1 电子竞技场馆的基本概念

　　电子竞技场馆是竞赛、训练以及娱乐活动的载体，为电子竞技运动的发展提供了重要的物质基础和保障。电子竞技场馆的性质取决于其产权属性。我国体育被视为国家事业，由政府统一管理，统收统支、统调统配，行政成为资源配置的主要手段。这样的行政管理模式自然也作用于各类体育场馆，特别是较大规模的体育场馆均主要属于国有资产。

　　随着我国社会主义市场经济向纵深方向发展，人民生活水平的提高和社会体育消费需求的扩张，社会投资兴办体育的兴趣正在不断提高，体育场馆中的多种经济成分不断介入，许多健身娱乐性强及受到大众喜爱的传统体育项目成为社会投资的热点，如乒乓球、羽毛球、网球、篮球等项目的体育场馆已在全国普遍可见。

　　2003 年，电子竞技作为体育项目受到国家体育总局的认可，并在 2008 年增补为第 78 项体育项目。2018 年，雅加达亚运会设有 6 个电子竞技表演赛项目，分别是《英雄联盟》《王者荣耀》《皇室战争》《实况足球》《炉石传说》《星际争霸2》，中国队参加了其中 4 个项目。2023 年，电子竞技将成为杭州亚运会的正式比赛项目。据《2020 年中国游戏产业报告》数据显示：2020 年，中国电子竞技游戏市场实际销售收入 1365.57 亿元，比 2019 年增加 418.3 亿元，同比增长 44.16%（图 1-1）。2020 年，中国电子竞技游戏用户规模达 4.88 亿人，同比增长 9.65%，用户数量保持稳定增长（图 1-2）。

　　作为新兴的运动项目，电子竞技近年来发展迅速，已经形成前景光明的产业，尤其是各类电子竞技比赛层出不穷、人气很高，一些传统体育场馆也开始利用自身优势承办电子竞技比赛，如著名的北京五棵松篮球馆，其设计初衷是举办篮球项目比赛，其场地、看台等设计的专业性均为国际一流水平，场地借鉴了 NBA 赛场的优点，现场设置了多个大屏幕，将赛场目况全景呈现。五棵松篮球馆因其自身的专业优势逐渐成为举办大型活动、赛事等的多领域、多功能型场馆。2017 年，《英雄联盟》职业联盟赛（LPL）夏季总决赛降临五棵松篮球馆，意味着电子竞技赛事开始在大型传统体育场馆举办，说明了社会对于电子竞技的接纳程度进一步提高。而随着 2018 年 LPL 赛制的改革和"主客场"改革计划的到来，传统体育场馆与电子竞技赛事也将会有越来越多的交集和融合。

◆ 图 1-1　中国电子竞技游戏市场实际销售收入及增长率

◆ 图 1-2　中国电子竞技游戏用户规模及增长率

1.1.1　电子竞技场馆的定义与性质

电子竞技赛事是互联网的产物,对比赛场地的带宽、电压、计算机等硬件设备要求较高,然而电子竞技又缺乏专门的电子竞技场馆,不少比赛会选在体育馆、剧院甚至某一家稍有规模的网吧进行,这使得线下电子竞技赛事即使在电子竞技产业井喷的情况下也依旧不可避免"暂停赛"(在线下赛事中发生比赛打到一半就暂停的情况)。另外,场地租赁费用也动辄几百万、上千万元,对赛事主办方而言难以产生赛事的沉淀与积累。

什么是电子竞技馆?电子竞技馆该如何打造?到目前为止,在中国甚至国际上还没有专业级的电子竞技场馆标准。2017 年 6 月,中国体育场馆协会发布了第一个电子竞技场馆建设标准——《电子竞技场馆建设标准》,这也是中国体育场馆协会的第一个团标。在这份标准中,不仅将电子竞技场馆划分为 A 级、B 级、C 级、D 级 4 级,还对电子竞技馆的选址、功能分区、软硬件系统做出了明确规定。现阶段,这一标准并非强制性标准,更多地起到了参考、辅助的作用。目前,国家尚未对电子竞技馆有统一的严格定义,业界普遍认为电子竞技馆是为专业电子竞技赛事而设立的场馆,以电子竞技为运营核心,提供满足电子竞技训练及比赛需求的专业化软硬件环境,同时可集成上网服务、餐饮娱乐、线下社交、购物观影等功能。

电子竞技馆往往不只有"电子竞技"一种业态,而是和其他业态相结合。电子竞技馆不只是一个馆,而是多种复合业态的叠加,与商业结合,与产业结合,或者与娱乐结合。电子竞技馆是以电子竞技为载体的依托,旨在建立一个社交、娱乐、商务的平台,然后在电子竞技馆里进行多业态的植入,打造 IP。收入上,主要由赛事赞助费用、电子竞技赛事门票收入、场馆租借费用、用户上网费用以及其他娱乐消费费用组成。而电子竞技馆运营方也有多种,如创业公司、拥有相关资源的产业公司、原有网吧运营企业以及硬件制造企业等。

专业电子竞技馆以"电子竞技+泛娱乐"为核心打造电子竞技新业态、新内容。携手产业链头部公司拓展电子竞技产业链,丰富电子竞技产品和服务供给,推动"电子竞技+休闲体育""电子竞技+娱乐""电子竞技+旅游""电子竞技+商业"等融合发展,在电子竞技场馆运营、电子竞技赛事组织、产业投融资、教育培训、泛娱乐活动、展览展示、创新创业等领域深耕细作。

1.1.2 电子竞技场馆与传统体育场馆的区别

1. 电子竞技馆"竞"于心、"静"于形

电子竞技是利用电子设备作为运动器械进行的人与人之间的智力和体力结合的比拼,相比传统体育项目强调身体力量的直接对抗,电子竞技在外在表现上更加温和平静,选手更多比拼的是思维和瞬时反应,肢体语言相对柔和;观众通过电子屏幕投放的游戏画面感受到选手毫厘之间的精彩微操和精妙的团队配合。基于电子竞技比赛的特点,电子竞技场馆在设置比赛区域的时候,通常不会像传统体育赛事那样为了保护选手和观众而专门设置安全隔离带,观众和选手之间的距离感更为亲近(图 1-3)。

◆图 1-3　暴雪电子竞技馆内场,观众和选手之间几乎零距离,互动感更强

2. 电子竞技馆更懂年轻人

电子竞技从游戏产业中衍生而来,参与者大多是年轻一代,他们追逐潮流、彰显个性,无论在衣食住行还是社交娱乐方面都体现着特立独行的个性;电子竞技馆相比传统体育馆,在外观造型上更为夸张,内部装饰上更为华丽,通过声光电和先进的数字互动技术营造出酷炫的沉浸式空间,给观众带来极为舒适的观赛体验(图1-4)。

◆图1-4 成都太古里量子光中心,该电子竞技馆已成为成都的网红打卡点

如今的电子竞技馆除了满足观赛需求之外,还结合了潮玩、文创、餐饮、动漫、服饰等娱乐内容,商业变现能力大幅增强,也带动了场馆周边的商业生态,电子竞技馆已成为振兴实体经济、打造城市新名片的重要内容。

3. 电子竞技馆更接地气

传统的大型体育场馆大多建在城市的郊区,周边的基础设施相对薄弱,交通不便,除了在比赛日会涌入一定的人流以外,绝大部分时间体育馆处于无人问津的状态。而修建一座体育场馆的成本又十分高昂,后期的运营和维护成本也极高。在当今飞速发展的时代,人民群众对于物质文明的追求已达到全新的高度,更多的年轻人开始追求更高层次的精神需求;而传统的体育赛事已越来越不受年轻人的青睐,他们更喜欢形式新颖、娱乐性强、创意十足的新体育项目,例如 VR 射击、无人机穿越、虚拟赛车、机器人格斗等新兴运动,而这些新兴运动无法在传统的体育场馆内开展,因此电子竞技馆的出现正是顺应了时代的发展。

电子竞技馆的物理空间不受电子竞技项目本身的限制,可大可小,既可以建在空旷的城郊,也可以下沉到人流密集、商业发达的市中心;商业综合体因为电子竞技馆的存在,既能吸引到大量年轻人前来消费,又丰富了商场的业态。

1.1.3 电子竞技场馆的一般分类

职业化的电子竞技联赛也促使越来越多的电子竞技场馆涌现。例如,中国 LPL 联赛的诸多"主场馆"均处于世界领先水平,中国现在有三家电子竞技俱乐部宣布开放属于自己的"主场馆",这是中国电子竞技运动职业化转型的标志,也是中国电子竞技运动的发展方向。

1. 按场地面积和容纳量分类

上海市《电子竞技场馆建设规范》规定，根据场馆内可举办电子竞技赛事的级别、场馆的建筑规模及功能等指标，电子竞技场馆可分为 A 级、B 级、C 级和 D 级 4 个等级。具体分级见表 1-1。

表 1-1 电子竞技场馆分级依据与标准

等级	用　　途	建筑面积/m²	场馆容量	
			座位数/个	核载人数
A 级	可以举办国际最高水平的电子竞技赛事活动	≥50000	≥5000	≥10000
B 级	可以举办国际性和全国性电子竞技比赛	≥2000	≥200	≥500
C 级	可以举办全国性和地区性电子竞技比赛	≥1000	≥200	
D 级	可以承载观赛功能及赛事选拔功能	≥500	≥100	

注：
A 级场馆可以举办的高水平电子竞技赛事主要包括全球性、洲际性的第三方赛事及赛事联盟的顶级赛事；
B 级场馆主要举办国际性和区域性电子竞技赛事(含职业赛和非职业赛)；
C 级场馆可举办全国性和地区性电子竞技赛事(含职业和非职业赛事)，同时具备电子竞技线下体验、展示和观赛功能，可供运动员训练使用；
D 级场馆以举办非职业赛事为主，具备电子竞技线下体验、展示和观赛功能，可供运动员临时训练使用。

2020 年 6 月 2 日，上海市电子竞技运动协会、上海市网络游戏行业协会联合上海市互联网公共上网服务行业协会发布的《上海市电子竞技场馆等级申报及评审办法》明确规定，三家行业协会将联合相关主管部门及行业专家组成评审工作小组，开展每年两次的上海市电子竞技场馆等级申报及评审工作。场馆经评审获得的等级有效期为 3 年，有效期截止后，认定等级自然终止，场馆须重新申请等级认定。同年 9 月，三家协会正式发布上海市首批获评级的电子竞技场馆名单，经公开申报、现场勘查、集中评审等环节，梅赛德斯-奔驰文化中心、东方体育中心等 11 家场馆获得授证。具体名单见表 1-2。

表 1-2 首批授证的场馆名单

类　　型	场 馆 名 称
A 级场馆	梅赛德斯-奔驰文化中心、东方体育中心
B 级场馆	主场 ESP 电子竞技文化体验中心、静安体育中心
C 级场馆	666 号馆、网鱼电子竞技万航渡路店、火柴电子竞技馆、网易暴雪游戏电子竞技馆、上海静安量子光电子竞技中心、长泰国际文化中心
D 级场馆	Panda V

2. 按专业程度分类

在电子竞技场馆的实际应用中，电子竞技运动训练和竞赛的场馆主要分为：传统体育场馆、专业型电子竞技馆、通用型电子竞技馆及综合型电子竞技馆。

1）传统体育场馆

体育场馆是指为了满足运动训练、运动竞赛和大众体育锻炼需求而专门修建的各类运动场地、馆所的总称，主要包括对社会公众开放并提供各类服务的体育场、体育馆、游泳池，体育教学和训练所需的田径棚、运动场以及其他各类室内外场地，群众体育健身、娱乐休闲活动所需的体育俱乐部、健身房、体操房和其他简易的健身娱乐场地等。

由于电子竞技场馆目前的发展与观赛需求之间不匹配，电子竞技赛事经常需要使用传统体育场馆举办线下赛事。例如：2019 年的 Dota 2 总决赛在上海梅赛德斯-奔驰文化中心举办；2020 年 8 月 16 日，《王者荣耀》世界冠军杯总决赛在北京凯迪拉克中心（原五棵松体育馆）举办；2020 年 10 月 31 日，《英雄联盟》S10 全球总决赛在上海浦东足球场（图 1-5）举办。

◆图 1-5　有"白瓷碗"之称的上海浦东足球场

2）专业型电子竞技馆

专业型电子竞技馆是指主要用于电子竞技运动训练、比赛及相关活动的场馆，主场电子竞技馆是电子竞技运动推行主客场制度的新产物。这类电子竞技馆拥有独立承办线下赛事的空间，配备电子竞技舞台区、观众区、直播间等功能室，还配备了赛事级竞赛装备、稳定的网络环境和直播设备等。

① 训练场馆。为战队提供赛前训练场馆和相关服务。在一些情况下，训练场馆设立在竞赛场馆之外，形成独立的训练场馆。一些从网咖转型而来的小型电子竞技馆的硬件设施一流，常常作为各战队的赛前训练场馆。依托于俱乐部，绝大多数职业电子竞技队伍都拥有自己的训练基地，只有少数战队拥有自己的训练场馆，甚至是比赛主场馆。例如国内老牌电子竞技俱乐部 LGD 通过融资自建了占地 1.7 万平方米的电子竞技影视文化中心（图 1-6），作为旗下各战队的比赛主场馆，同时作为杭州地区 LPL 的比赛场馆。

② 专用竞赛场馆。指针对电子竞技运动项目而建设，专门进行电子竞技比赛的场馆，能满足观众观看比赛和赛事转播的需求。这类场馆在名称上大多已标明其专一用途，例如 B5 电子竞技馆（图 1-7），它是全国性电子竞技运动场馆的专业连锁品牌，场馆包含竞技对战区、承办专业赛事的舞台区、满足直播需求的独立主播间，以及满足职业选手及

◆图1-6　LGD电子竞技影视文化中心

高端玩家日常训练需求的专用电子竞技黑房等,配合多样化、多层次的专业电子竞技赛事落地,已成为国内电子竞技圈独具特色的旗帜。

◆图1-7　B5电子竞技馆上海旗舰店

3)通用型电子竞技馆

通用型电子竞技馆属于上网服务行业营业场所的一种,通过以电子竞技为运营核心为用户提供满足电子竞技训练需求的专业化软硬件设备,以及普通上网服务、餐饮服务等。它以电子竞技文化为核心,以为普通电子竞技用户提供比网吧更专业的设备和更高速的上网服务为主,以不定期举办馆内小型竞赛、草根赛事、经营挑战赛、区域赛事等中小型比赛为辅。为了提高电子竞技馆的人流量和满足用户多元化的需求,通用型电子竞技馆还设有VR体验区、手游区和桌游区等多功能区域。例如杭州全游电子竞技中心(图1-8),其占地面积为3000平方米,PC区的大厅放置了283台计算机,其中专为电子竞技而组装的计算机有173台,同时还有10个主题包厢,还设有专业电子竞技比赛舞台、VR-KAT虚拟现实设备、狼人杀主题场馆、桌游区、休息区、咪哒迷你KTV等。

4)综合型电子竞技馆

除电子竞技比赛外,综合型电子竞技馆还能举办其他项目的比赛活动。例如亚洲首个综合型电子竞技场馆——忠县三峡港湾电子竞技馆,其建筑面积约为7.9万平方米,场馆中心设有一个八屏LED显示屏(图1-9),用于直播赛事,周边设有6096个观众座位,以及1000兆专用光纤网络和1000兆备用网络,能满足全球直播的需求。除了用于电子竞

◆图 1-8　杭州全游电子竞技中心

技大赛,该场馆还能举办篮球、羽毛球、网球等专业体育赛事。

◆图 1-9　忠县三峡港湾电子竞技馆超大型 LED 显示屏

3. 按聚散程度分类

1）独立电子竞技场馆

独立电子竞技场馆有独立的安保封闭线,只有持有场馆有效证件或门票的人员和车辆才能进入,同时外围保障工作自成一体,集中为这个场馆提供服务。例如上海竞界电子竞技中心(图1-10)、静安体育中心内的666号电子竞技馆、创·赛场等就属于独立电子竞技场馆。

2）体育中心内的电子竞技场馆

体育中心由多个场馆集聚而成,有共用的安保封闭线,持证件及门票经二次查验后才

◆图 1-10　上海竞界电子竞技中心

能进入各个场馆。例如中国电子竞技运动发展中心(图 1-11)由石景山体育馆副馆改建而成,与足球场、羽毛球馆、跆拳道馆等一起构成了石景山体育中心。

◆图 1-11　中国电子竞技运动发展中心

3)电子竞技数娱小镇

仅自 2017 年以来,就有重庆忠县、安徽芜湖、江苏太仓、浙江杭州、河南孟州、辽宁葫芦岛等地相继宣布将加入电子竞技小镇的建设队伍,并喊出了"电子竞技＋赛事""电子竞技＋工业"等多种业态的口号。2017 年 3 月,重庆忠县率先宣布将投资 40 亿～50 亿元打造辐射全国的电子竞技小镇,表示将以举办全国移动电子竞技大赛(CMEG)总决赛为契机,吸引相关企业落户,形成电子竞技场馆、电子竞技学院、电子竞技孵化园等多业态整合的电子竞技产业链。而在此之前,忠县与"电子竞技"几乎没有任何交集。

电子竞技数娱小镇都是主打电子竞技的,根据当地情况和需求的不同,各个城镇的发展模式和发展方向也不同。其中,太仓毗邻上海,依托上海的辐射,太仓将高端赛事用户作为目标用户,以扩大自身的影响力;芜湖的建设项目中则包含电子竞技大学这一项,计划以泛电子竞技为切入点,挖掘和培养更多的电子竞技人才;忠县则寄希望于借助电子竞技促进当地的经济发展。

4. 按管理者分类

传统体育场馆按管理者的不同可以分为公共体育场馆、单位体育场馆、私人体育场馆。公共体育场馆属于公益性质,大多属于国有性质;单位体育场馆即学校及各类企事业单位所属的场馆,此类场馆主要用于学校师生、单位内部的体育教学和群体活动;私人体育场馆是指以营利为目的的商业性体育场馆,包括单独经营的场馆,宾馆、饭店等附设的体育场馆等。目前来看,电子竞技运动在国家层面和社会层面上的认可程度远不及传统体育项目,这也造成电子竞技场馆没有公共场馆和单位场馆,只有私人场馆的现状。

自 2016 年 9 月教育部将"电子竞技"增补为专业以来,目前共有 22 所高校招收电子竞技专业方向的学生,其中既有高职高专院校,也有中国传媒大学这样的"211"大学。上海作为电子竞技之都,先是挂牌成立上海电子竞技运动中心,随后又发布《关于加快本市文化创意产业创新发展的若干意见》,将动漫和游戏作为重要的产业板块。从以上两个案例不难看出,在不远的将来,很有可能出现公共电子竞技场馆和单位电子竞技场馆。

1.1.4　电子竞技场馆的基本功能

电子竞技场馆在提供电子竞技服务过程中一般具有基本功能和配套功能,基本功能是指与使用者的主要目的直接有关的功能,电子竞技场馆的基本功能首先应是提供与电子竞技运动有直接关联的相关服务,满足电子竞技训练和电子竞技竞赛等基本需求。作为现代化城市文明发展的载体,电子竞技场馆在承担电子竞技服务功能的同时,也进一步开拓了城市文化、经济等诸多领域的发展。通过电子竞技场馆内外的硬件设施和软件设施对电子竞技文化的宣传可有效提高电子竞技鉴赏品味;另外,电子竞技场馆内外的文化展示还具有教育激励作用,可以提升旅游产业,拉动城市经济的发展,同时具有提高区域文化影响力和宣传城市文化等多方面功能。

1. 电子竞技场馆的基本服务功能

1）承办各类电子竞技赛事和表演活动的功能

承办各类电子竞技赛事和表演活动是电子竞技场馆的基本功能,电子竞技场馆应依据自身的规模和设计功能,将承办相应级别的电子竞技赛事和表演活动作为主要业务和服务项目;尤其是大型电子竞技场馆,其主要设计功能就是承办大型的电子竞技竞赛和表演活动。

2）提供电子竞技运动员训练服务的功能

电子竞技设施是电子竞技运动发展的重要基础,是高水平战队和运动员创造优异成绩、攀登世界竞技高峰的基础条件。目前,各电子竞技战队均已形成功能完善、能满足不同电子竞技项目训练需求的各类高质量的电子竞技场馆设施,这些内部训练场馆的硬件设施先进,设备精良,为电子竞技的发展和高水平竞技人才的培养提供了重要保障。

3）提供大众休闲服务的功能

随着生活方式的转变，群众性电子竞技休闲活动呈现生活化的趋势，休闲娱乐已成为人们生活中的一个重要组成部分。居民的体育消费水平逐年攀高，电子竞技赛事凭借其结合电子科技的新颖形式及赛场上敢打敢拼的坚韧精神深受广大年轻人的喜爱，喜爱电子竞技运动的人数也不断增加，电子竞技人口不断壮大，电子竞技场馆应以满足大众的休闲活动需求为主。

此外，电子竞技场馆根据电子竞技的发展趋势，在满足大众参与喜闻乐见的电子竞技运动项目的同时，还应充分利用电子竞技场馆的空间，设立全民健身广场、青少年俱乐部等，丰富电子竞技服务的内容。

2. 电子竞技场馆的文化功能

1）电子竞技场馆的教育培养功能

电子竞技场馆是电子竞技文化教育的载体。例如历届国际或国家电子竞技赛事落幕后，人们留下最深印象、影响时间最长的莫过于电子竞技场馆。其中，内在的电子竞技场馆文化也成为历届电子竞技文化遗产的重要体现，这些电子竞技文化遗产无疑是最好的教学场所，只有身临其中感受浓浓的电子竞技文化气息，才能进一步理解电子竞技的精神和内涵；其他形式，诸如冠军墙的设立，通过历届冠军的照片等信息，再加上文字标语的宣传和陪衬，对训练队员也是一种非常行之有效的教育和激励手段；赛场如战场，均有胜负之分，在总结失败经验的时候，相关的典型案例还能对后者起到警示和鞭策的作用，借前车之鉴避免不必要的错误重复出现。

2）提高区域文化影响力的功能

一个好的赛事场馆在赛事举办过程中不仅要做好赛事服务的基本工作，还要弘扬"不服输、拼到底"的电子竞技文化。通过场馆进行电子竞技文化的宣传，特别是具有承办世界级比赛能力的大型场馆，其自身的文化内涵在比赛过程中可以经由现场参赛人员、观众以及视频转播、广告宣传、新闻播报等诸多途径向一个地区、一个国家乃至整个世界进行展示。如果一个赛事场馆与电子竞技精神、电子竞技文化是相结合的，就可以在一定范围内形成一种象征着青春与活力的文化地标，这不仅可以对区域文化产生影响，更多的是提高了地域文化在国家乃至全球的影响力。例如 2013 年，卡托维兹这座小城第一次举办 IEM 英特尔极限大师赛就吸引了一万多名电子竞技爱好者；自此以后，作为 IEM 主场馆的"飞碟体育馆"每年都能吸引数万人现场观赛，逐渐成为世界电子竞技爱好者的"朝圣之地"，而卡托维兹"欧洲电子竞技中心"的名号也流传开来。

3. 电子竞技场馆的经济功能

电子竞技场馆具有推动城市经济发展的功能。一个赛事场馆的成功必定能带来巨大的经济收益。当一个赛事场馆凭借其优势能招揽大量电子竞技赛事时，在这个场馆举行的电子竞技赛事规模、赛事质量和赛事密集度必然会大幅提升，围绕着电子竞技赛事的相关产业也势必随之崛起，最直观的便是观众的流动直接带来了场馆周边服务业的发展，这对于提高当地的消费水平、拉动经济增长有着不言而喻的促进作用。以 2018 年 3 月举办的 IEM 卡托维兹站为例,为期 6 天的赛事为当地带来了超过 2200 万欧元的收入,折合人民币逾 1.7 亿元。而据 2018 年的数据显示,当年因 IEM 而来到这座波兰小城的游客达到了 17.3 万人次,这个数字不仅相比 2013 年增长了十多倍,更是超过了这座城市总人口的一半,这意味着电子竞技小镇为卡托维兹的经济发展赋予了新的方向。

电子竞技场馆设施既是电子竞技赛事的载体,又是扩大内需、推动消费、开发电子竞技产业的重要基础。而年轻人既是重要的劳动力资源,也是未来的消费主力军,代表着城市的未来和活力,电子竞技作为青年人喜爱的运动项目和生活方式,对这类群体有着明显的吸引力。目前,我国已有部分电子竞技场馆携手俱乐部打造电子竞技商业综合体,进一步开发电子竞技的商业价值。电子竞技场馆不仅通过提供新的商圈主题满足房地产商的需求,还可以满足人们电子竞技线下娱乐的需求,提供综合的线下电子竞技娱乐体验。据调研数据显示,愿意在线下进行消费娱乐的电子竞技用户高达 60.6%。因此,越来越多的地方政府意识到,电子竞技对于提升城市经济活力、拉动经济收益、加快地域经济转型升级具有积极意义。

1.2 电子竞技场馆的时代背景

1.2.1 政策背景——地方政策加速电子竞技馆落实

随着电子竞技的发展逐渐趋同传统体育项目,电子竞技馆已成为电子竞技赛事必不可缺的线下实体平台,以助力电子竞技赛事的举办和电子竞技文化的推广。国家的政策和监管措施为电子竞技馆行业的发展提供了支持,国家政策强调推动电子竞技运动项目的发展和鼓励举办电子竞技赛事活动,推动专业型电子竞技馆的需求量,驱动专业型电子竞技馆项目建设落地。

2018 年 4 月,杭州发布《杭州市下城区人民政府关于打造电子竞技数娱小镇促进产业集聚发展的实施意见(试行)》,设立促进电子竞技数娱小镇产业发展专项资金 1 亿元,对在小镇内承办各级电子竞技赛事补贴最高 1000 万元的奖金;2018 年 7 月,北京出台对电子竞技的扶持政策,提出大力发展包括动漫和游戏在内的九大文化领域,支持举办高品质、国际性的电子竞技大赛,促进电子竞技直播等网络游戏产业健康发展;2018 年 8 月,西安发布《西安曲江新区关于支持电子竞技游戏产业发展的若干意见》,并为落户的电子竞技企业配备了 30 亿元的扶持资金;2019 年 1 月,广州提出培育全国电子竞技中心的计划;2019 年 6 月,上海推出 20 条意见用于打造"世界电子竞技之都";海南随后在资金、人才、税收、免签、赛事审批和传播上逐步完善和推出相应的支持政策,大力支持电子竞技产业发展……可以说,当前的政策利好局面给电子竞技产业的蓬勃发展奠定了基础。

2019 年年初,上海市静安区政府为了深入支持企业电子竞技馆的建设和运营,打造具有影响力的电子竞技场馆,发布了《促进电子竞技产业发展的扶持政策(试行)》,提出对新建或改建的电子竞技赛事与场馆提供项目资助,资助金额高达 500 万元,重大项目的资助金额超过 1000 万元。此外,静安区政府对于每年举办电子竞技赛事 100 场以上且 50% 以上的场次达到一定规模的电子竞技馆,按照市场租金提供一定比例的补助,总补助金额高达100万元。此外,静安区政府对电子竞技馆企业提供财政补贴,以加快电子竞技馆的落地应用,并且要求提升电子竞技馆后续的运营服务,从而完善电子竞技产业生态。

1.2.2 经济背景——电子竞技用户付费意愿和能力提升

我国宏观经济增长良好稳定,整体居民人均可支配收入的提高提升了网民的娱乐生活消费能力。而电子竞技用户具有的赛事付费能力和意愿是推动专业型电子竞技馆行业发展的催化剂。据中国互联网网络信息中心(CNNIC)的数据显示,2019年上半年,中国互联网用户规模超过8.54亿人。而国家统计局的数据显示,2019年有超过45%电子竞技用户愿意为线下电子竞技赛事付费。人们日益坚实的物质基础和提升生活质量的需求释放出巨大的文化产品购买欲望,娱乐消费需求与消费能力不断上升,带动了电子竞技产业的飞速发展。

此外,随着家用计算机和网络的普及,电子竞技用户可以选择在家中观看电子竞技比赛的网络直播,但部分电子竞技用户依然选择在专业型电子竞技馆观看赛事网络直播,主要原因是电子竞技馆具有更流畅的网速和更活跃的观赛气氛。这表明在电子竞技消费领域中,中国电子竞技用户已具备良好的付费意愿和能力,这为专业型电子竞技馆提供了营收保障。

1.2.3 行业背景——电子竞技赛事主场化提升电子竞技馆需求

随着电子竞技赛事引入主客场机制和迈入联盟化时代,电子竞技俱乐部需要更多的专业型电子竞技场馆实现承办赛事、俱乐部驻地和俱乐部粉丝聚集场所等功能。在电子竞技的发展开端,电子竞技用户规模较少,线上直播即可满足大部分观赛用户的需求。电子竞技赛事的举办形式以赛事主办方为核心,多个电子竞技俱乐部齐聚于同一城市进行比赛。随着电子竞技的普及和电子竞技用户规模的大幅上涨,电子竞技赛事数量少和单一的线上观赛方式已无法满足用户的需求。因此,联盟化的电子竞技赛事体系通过电子竞技俱乐部在各个城市建立主场场馆并实行传统体育比赛的主客场制度,使俱乐部在各个城市进行主客场对战,驱动更多的主场电子竞技馆项目落地,增加赛事数量并释放线下观赛潜力。随着电子竞技联盟化在全国范围扩展,各地的专业型电子竞技馆除以举办线下赛事和粉丝活动的方式获取收益外,还与当地消费行业和地产行业合作增加新的盈利点,进而拉动电子竞技产业的整体增长。

在中国,LPL是最早实行主客场机制,并取消次级联赛的传统电子竞技赛事体系,实现了电子竞技赛事联盟化。多个LPL俱乐部已在主场城市设有各自的专业型电子竞技馆,例如LGD电子竞技俱乐部在杭州电子竞技数娱小镇设立主场电子竞技馆、RNG电子竞技俱乐部在北京五棵松体育馆设立主场电子竞技馆、LNG电子竞技俱乐部在重庆国际博览中心设立主场电子竞技馆等。俱乐部设立的主场电子竞技馆能作为其日常训练和比赛的场地,也成为俱乐部粉丝的线下聚集地,可以培养粉丝归属感和线下观赛气氛,积极推动电子竞技走向线下,实现地域化发展。

随着电子竞技赛事联盟化和主客场制度的加速推进,《王者荣耀》职业联赛(KPL)、

《守望先锋》联赛（OWL）等赛事的参赛俱乐部将在各自的主场场馆举办赛事和活动，俱乐部对专业型电子竞技馆的需求逐渐增加，促进专业型电子竞技馆的行业规模进一步扩大。

1.2.4 科技背景——前沿科技助力电子竞技文化氛围

电子竞技是信息时代的新型体育竞技项目，科技和数字媒体的迅速更新给电子竞技产业提供了广阔的发展平台，像互联网、人工智能、大数据、交互系统、VR/AR 等引领未来的科技前沿产品都能与电子竞技馆完美结合，新科技带来的新娱乐、新消费、新商业模式都会让电子竞技馆成为新技术的体验店，不断更新发展。例如 2020 年举办的 2020 PEC《和平精英》国际冠军杯开幕式就使用了 3D 投影技术、AR 技术、冰屏技术、舞台升降技术、威亚技术这五大核心技术，给予了观众沉浸体验；整个舞台采用国际化舞美独特理念，突出"闪电"视觉符号作为《和平精英》的标志性 logo，配合机械舞台的解构运用，"四面台"的舞台随着游戏的进程营造出相应的场景，起到了烘托竞技元素的效果。

1.3 电子竞技场馆与传统体育场馆发展史

1.3.1 传统体育场馆的发展

早期，国内的电子竞技赛事并没有专门的电子竞技运动场馆给予场地支持，往往是以传统体育场馆作为替代，甚至于现在，有些大型赛事依然在传统体育场馆举办。例如 2017 年《英雄联盟》S7 总决赛在国家体育场"鸟巢"举办；2019 年《DOTA2》TI9 国际邀请赛在上海梅赛德斯-奔驰文化中心举办；2019《英雄联盟》S9 总决赛在法国巴黎雅高酒店竞技场举办。这些都是典型的在传统体育场馆举办电子竞技赛事的案例。

传统体育场馆是人们进行体育运动的基本物质基础，它的出现和发展与体育活动的出现和发展是同步的。体育场馆反映着社会的机构和变迁，它的发展和变化始终都会受到不同时代的政治、经济、文化、环境等因素的影响。

1. 古代中国体育场的发展

早在春秋战国时期，我国就有了蹴鞠这项运动和相应的场地设施。汉代以蹴鞠作为练兵的手段，形成了某种规范性用地。

两汉时期开始有了专门的体育运动场地，皇帝宫中和游乐的离宫一般都建有蹴鞠场地。例如西汉的刘邦曾在宫苑内建造了供蹴鞠比赛使用的"鞠城"（图 1-12）。另外，汉代还有角力台、马球场等。

隋唐时期，体育活动场地更加规范，也越来越多。特别是马球活动风靡一时，皇帝的宫城及禁苑里就有含光殿、麟德殿、中和殿、保宁殿、清思殿、飞龙院、梨园亭等多个马球场地。唐代时期的马球球场一面建有殿、亭、楼、台供观赏者使用，另外三面由矮墙围绕。球场面积较大，地表平坦光滑，有的还将油料铺洒到球场内，可以防雨防尘，使场地平滑如镜。

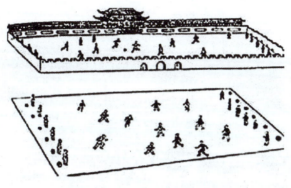

◆图 1-12　汉代"鞠城"示意图

宋元时代风靡摔跤、打套子,于是出现了摔跤擂台。

明代时期的宫廷中已有冰嬉活动(图 1-13)。清朝统一中国以后,仍以冰上运动作为训练部队作战能力的手段。清朝宫苑的太液池就是冰球运动场地之一,太液池每年都会进行一次滑冰检阅。这种冰上运动的作战功能减弱以后,演化为体育娱乐项目,分化出花样滑冰、冰上蹴球、冰上杂技等运动。

◆图 1-13　《冰嬉图》——冰球场

2. 近代中国体育场馆的发展

清朝洋务派在开办的各种军事学堂中引进了欧洲柔软体操、篮排球和田径运动,近代中国开始修建简易的篮排球场和田径场。1915 年和 1921 年的两届远东运动会都借用上海虹口花园作为运动场地,比赛场地和看台也是临时搭建的。

最早达到西方体育场标准的近代体育场是 1926 年由英国奥运冠军李爱锐参与设计并主持建造的民园体育场(图 1-14),这是中国第一个灯光足球场,也是当年亚洲地区首屈一指的综合性体育场。

◆图 1-14 民园体育场旧照

1929年,国民党政府颁布《各县、各市公共体育场馆暂行规定》后,体育场馆的建设数量猛增,1949年以前,中国只有13个体育场和13个体育馆。这些体育场馆,特别是体育馆,大多位于上海、北京、天津、广州等大城市,只供外国人和极少数的中国人使用。

3. 现代中国体育场馆的发展

新中国成立以后,由于党和政府十分关注我国体育事业的发展,因此我国的体育事业得以蓬勃发展,体育场馆的建设也有了很大的发展。

20世纪50年代的体育场馆共建成639个,主要在勤俭节约的原则指导下为解决场馆匮乏问题而建。场馆规模一般为中型,固定观众座席为4000～6000个,比赛场地以篮球场为主。场馆多为钢结构,内部功能分区不明确,代表性场馆为北京体育馆。在借鉴国外设计经验的基础上结合地区特点进行突破与创新,在建筑风格、布局、结构和设备完善方面做了有益的探索。

20世纪60年代的体育场馆共建成933个,建成两个容量在万人以上的大型体育馆。代表性场馆有首都体育馆、北京工人体育馆、广西体育馆、杭州体育馆。

20世纪70年代的体育场馆共建成2591个,新建场馆的观众席位比20世纪60年代上涨一倍。中小型体育场馆的建设开始普及。大型体育场馆普遍采用平板式钢架屋盖。代表性场馆有上海体育馆、五台山体育馆等。这一时期的场馆数量增长得很快,但建筑创新和设计水平远不能适应发展的需求,留下了不少经验和教训。这一时期也是体育场馆援外工程的开创期。

20世纪80年代的体育场馆共建成7352个。全国小型体育场馆的普及程度较高,要求县级体育设施基本达到"两场一池一房"(带看台的灯光球场、田径场、游泳池或人工水场、室内训练房),提高了空间的利用率,建筑处理更加细致。这一时期的代表性场馆有广州天河体育中心、国家奥林匹克中心。

20世纪90年代,在赛事拉动下建立了不少功能与建筑结合紧密、特色突出的体育场馆。代表性场馆为长春五环体育馆。

4. 当代中国体育场馆的发展

进入21世纪后,随着经济的迅速发展,我国国民生活水平不断提高,我国的体育事业也在不断发展,造型独特的体育场馆成为城市建设的重要组成部分。

2008年,全国体育场馆行业的增加值为30亿元,吸纳就业人数为2.62万人。体育场馆行业以数量较少的从业机构吸纳了大量的从业人员。从人均产值来看,2008年体育场馆行业的人均增加值为11.45万元。

根据全国体育场地普查数据显示,第六次全国体育场地普查相比第五次普查的各项重要数据均处于翻倍增长状态,且体育场馆的建设数量与国民经济发展水平呈现高度相关。

2019年,中国共有体育场地316.2万个,其中,全国球类运动场地有224.36万个;2020年,中国共有体育场地371.3万个,相比上一年增加55.1万个。

在处于经济高质量发展阶段的今天,我国体育场地领域的建设成果显著,体育场地设施的建设规模及增加值、体育场地面积、人均体育场地面积、体育场地数量均呈现增长趋势。

1.3.2 网吧、网咖场馆的发展

1. 网吧的诞生与发展

"网吧"是主要提供互联网连接服务的公共场所,它为那些没有计算机和上网条件的人提供了经济、便捷的触网机会。世界上的第一家网吧是1994年9月1日由就读于英国伦敦大学攻读认知心理学博士学位的波兰姑娘爱娃·帕斯科(Eva Pascoe)在英国伦敦西区开设的Cyberia。中国的网吧又缘起何处呢?

1)网吧的诞生

事实上,关于"谁是中国第一家网吧"的问题是有争论的。

有人说,国内的首家网吧是1995年模仿国外形式的"上海3C+T";有人说,中国最早的网吧是1996年5月出现在上海的名叫"威盖特"(We get)的网吧,当时仅会员卡就已经发了近千张,上网价格高达40元/小时;也有人说,中国第一家网吧其实出现在1995年的南京,但宣布开业的第二天就被公安局查封了;甚至还有不少人将1996年11月在北京开业的"实华开网络咖啡屋"称为中国第一家网吧。

其实,网吧最早不叫"网吧",而是叫"电脑室",就是指在民居安装七八台计算机,接一个局域网,即可打局域游戏和休闲的地方。随着北京第一家网络咖啡屋的正式开张,"网吧"这个新名词也迅速被人们熟知,并被无数同行模仿,在国内掀起了一股网吧风。

2)网吧的发展期

1998—2000年,网吧的数量开始激长,不只是上网,网吧渐渐开始成为游戏场所。由于家庭计算机还未普及,人们上网查资料、发邮件、聊天都得去网吧。那时,网民玩的游戏也是一些单机游戏,例如《仙剑1》《CS》《红警》等。此后,网吧如雨后春笋般出现,直到21世纪初,网吧一直都是网民的主要上网场所。

2001年,盛大公司代理的韩国网络游戏《热血传奇》上线,该游戏一时攻占了全国大大小小的网吧,鼎盛时期,一整个网吧全是在玩《热血传奇》的人。在《热血传奇》出现之后,一批类似的(如《奇迹》)网游成为支撑网吧的主要推动力,也形成了"一款好的网游能带动网吧行业"的模式。

随着网吧数量迅速膨胀,出现了大规模的业内竞争,这个时候还没有建立规范的行业管理制度,管理放松,也滋生了大量安全隐患和社会问题。

2002年6月16日凌晨,北京发生了震惊全国的"蓝极速"网吧纵火案:4名未成年人在和网吧服务员发生纠纷后纵火,造成25人死亡,12人受伤。后经调查发现,该网吧没有任何经营许可执照,网吧老板违规提供包夜服务,将上网者锁在网吧内造成多人无法逃生是事件伤亡惨重的主因。两周后,文化部、公安部、信息产业部和工商总局联合印发了《关于开展"网吧"等互联网上网服务营业场所专项治理的通知》,开始大力整治无证照或证照不全的"黑网吧"。在整治过程中,全国数以万计的"黑网吧"被关停。

同年9月29日,政府出台《互联网上网服务营业场所管理条例》,禁止未成年人进入网吧,禁止包夜,网吧开始支出增加,收入减少。自此,网吧行业遭受了长达十年的严厉管制,网吧数量的同比增速降至个位数。

3)网吧的爆发期

随着《互联网上网服务营业场所管理条例》的出台,网吧行业开始重新洗牌。文化部出台连锁经营新规,网吧也开始有序发展。这时,网络游戏的飞速发展催生了一个更大的网吧市场,网吧进入了鼎盛发展时期。

2004年,全国网吧营业收入达到170.9亿元,纳税44.5亿元。2006年,全国网吧拥有的各类计算机设备共计超过1000万台,这些计算机平均每两年更新一次,为软件、人力、场租等方面的消费都带来了巨大的拉动;网吧行业吸纳了约105.6万名就业人员,年产值达到256.8亿元。

2006年12月26日,上海第一家民营连锁网吧"世众网络联盟"正式成立。2010年2月,文化部发出通知,单体网吧将逐渐退出市场,全国网吧将实现连锁运营。

2010年左右,LOL的兴起让网吧经历了最后一个"盛世"。那时,国内网吧的主流游戏从DNF、《魔兽》等齐刷刷地转变为LOL。一个城里的网吧,里面99%的用户都在玩LOL,这是非常常见的。

4)网吧的势微与转型

随着时代的发展,受经济大环境及行业竞争等诸多因素的影响,特别是家家户户都有了个人计算机,按照原有模式运营的网吧不再能提供稀缺性消费,开始走下坡路;而智能手机的普及和手游的迅速发展,更是给中国的网吧行业当头一棒。

2012年,中国的网吧总数出现了自2004年以来的首次下滑。据统计,2012年中国网吧总数为13.6万家,比2011年减少了1万家,同比下降6.8%,网吧行业跌入谷底。

2013年,在冰封十年后,文化部宣布解禁单体网吧的审批。2014年,相关部门联合发出通知调整网吧行业管理政策,全面放开网吧审批,并力推网吧行业转型升级。

而电子竞技游戏的火爆发展又在绝境中挽救了网吧的经营。网吧的定位逐渐从"设备提供者"向"社交场所"转变。随着用户对环境需求的提高,网吧的环境也逐渐向网咖靠拢,网吧行业正逐渐朝着科学布局、合理引导、规范管理的方向发展,开始由量向质转变。

2. 网咖的诞生与发展

1)中国网咖的兴起与发展

"网咖"是"网络+咖啡厅"的简写,在国外通常称为 Netcafe 或 Internet Cafe,在国内叫作网咖。在欧美早已流行多年的网咖,最初的角色与功能主要是为商务人士提供一个舒适又快速的上网环境。不过,当网咖漂洋过海来到中国台湾以后,却发展成以青少年为主要客户群的网咖文化。

① 萌芽期。萌芽期的网咖数量不多,尚未成为经济或社会方面的显著议题。20 世纪 90 年代,网际网络刚在中国台湾萌芽,网络咖啡店也随之出现。只是在网络基础建设尚未完备的情况下,受限于带宽以及网络使用者多为商务人士或教育程度较高者,这一阶段的网咖多半只提供信息浏览及资料查询等基本服务,包括使用万维网(WWW)、公告板系统(Bulletin Board System,BBS)、新闻群组(Newsgroup)等。

② 发展期。网咖快速发展,伴随而来的社会问题引发了各界的讨论。20 世纪 90 年代末期,网咖如雨后春笋般快速发展,其背后的助力,除了政府大力推动网络基础建设之外,最大的原因莫过于网络游戏的兴起。这个阶段,大部分网咖在提供基本上网服务之余,还会提供相当多样的网络游戏,因此在短时间内吸引了许多年轻人的注意,成为继 MTV、KTV 之后青少年最热衷的休闲场所,更隐然形成一股新兴的青少年次文化。然而,伴随而来的社会问题也成为政府、家庭与青少年之间争论不休的焦点。

③ 成熟期。发展至今,规范后的网咖已成为社会各阶层与年龄层的休闲活动场所。举例来说,"网鱼"网咖在提供上网与餐饮服务之余,还自行研发出专业的网游相关硬件及软件,层层升级,并与上游厂商深度合作,举办国际性电子竞技赛事,逐渐发展成为国内最大的全民电子竞技互动平台。

2)从"网鱼"的发展看网咖的演变

纵观中国网咖的发展,可以说网鱼网咖一直走在前沿。

1998 年,网鱼第一家店铺——上海封雨店正式开业(网吧),向顾客提供上网休闲服务,这是网鱼 1.0 门店的雏形。

2007 年,网鱼成为上海第一家具有连锁网吧经营资质的民营企业。

2009 年前后,以黄峰为代表的业内人士为了探索网吧行业的未来,提出了"新网咖"的概念。很快,以"都市慢生活"为主打口号的第一家网咖——网鱼网咖在上海诞生,它不再只是提供单纯的上网服务,还提供咖啡、奶茶、西点、休息、办公等新服务,这一系列质的改变标志着网鱼进入了全新的网咖 2.0 时期。"新网咖"的概念是网吧行业的大胆革新。随后,网咖步入连锁经营模式,并且在经营的同时兼顾顾客的方方面面,竭力让顾客感到宾至如归。

2012 年,网鱼在原有网咖的基础上推出了新 3.0 网咖概念门店,重新打造门店形象,并细化空间布局,设置对战区、日式包房等分区,全场配备苹果 iMac 一体机、蜂巢式电脑桌、人体力学休闲座椅,增加独立咖啡区、游戏休息区,根据主流游戏的人数配置推出"黑房"区域,以配合不同顾客的不同需求;引入美食,携手 illy 咖啡为顾客打造更高品质的网络休闲场所。在网咖高雅豪华的环境中,顾客可以随时享受高档完善的服务。顾客不仅可以在柔软的卡座里喝着各种美味的饮品,上网聊天、看电影,还可以与朋友一起玩网络游戏。也是从这一年起,网鱼网咖与腾讯、暴雪、网易等知名网游平台深度合作,开始举办国际性电子竞技赛事,还被《英雄联盟》《刀塔2》等国际知名电子竞技项目授予特权。

2014年,网鱼网咖再次全面升级,推出4.0网咖门店,以交友、打造多功能的游戏空间、全新产品这三大亮点重新定义了网咖模式,全方位为顾客打造完美的人性化游戏体验,让"玩"变得更加充实和精彩。4.0网咖门店打破了3.0时代采用苹果iMac一体机的模式,开启由网鱼网咖自行研发的yPC时代,并首次采用自主研发的"鱼桌面"系统,可以让每位会员到全国任意一家门店使用,以拥有根据自己的喜好自定义的个人计算机。

2015年,网鱼网咖不仅在环境、硬件、多功能服务空间上增加投入,还持续开发出了各种应用软件以提升体验感。网鱼网咖率先开创业内新形态,全力为顾客打造O2O线上线下一站式互动娱乐平台,其核心产品——全国第一款O2O游戏社交软件——约玩神器"鱼泡泡"成功上线,实现线上约人、预订、充值、分享与线下开卡上机、上机体验、商品购买、结账离开的实时联动,整合多种功能,提供更加多元的娱乐空间。此外,网鱼网咖还与腾讯、盛大线下合作举办大型游戏比赛,吸引了很多顾客。

2017年,网鱼网咖打造了网鱼网咖5.0模式,这种模式的设计风格更加偏向于时尚、潮流的现代化生活,引入星巴克、麦当劳的管理运营体系,突破上机娱乐、品尝饮品的传统模式,以满足顾客的各种消费需求为基本建设理念;侧重电子竞技、多媒体、云计算产品技术应用体系,重新组织、整合功能划分区域(30多个),如水吧区、竞技区、对战区(电子竞技场)、黑房专区、外星人区、影视厅、主播间、休闲区等,推出专业的游戏外设品牌"西伯利亚"V2网吧版游戏耳机(多种色彩、自主选择),为顾客带来更加完美的上网体验;增加在线订座、支付的功能,将"互联网+"的理念融入网络服务,实现线上线下资源整合;综合考虑各个版本的商业模式运行情况,网鱼网咖5.0模式更像是一种全新的网络文化,成为颇受都市年轻消费群体欢迎的运营模式。

1.3.3 电子竞技场馆的发展

电子竞技场馆是电子竞技行业的发展基石,随着电子竞技赛事数量的逐步增加,使得人们对于电子竞技场馆的需求和为观众提供舒适的观赛环境的服务水平也在不断提升。在这样庞大的市场需求下,各类专门为电子竞技赛事量身订制的电子竞技馆纷纷落地。

2005年5月,位于石景山八角中里的国内首家电子竞技专用场馆(图1-15)正式投入使用。这个场馆是中国电子竞技运动发展中心(CESPC)在国家体育总局、北京市体育局和石景山区政府的大力支持下,斥巨资打造的国际领先、国内一流的电子竞技专业场馆。CESPC的电子竞技专业场馆的副馆一层为培训中心和产品研发中心,二层为国际直播中心,主要用于面向全球直播电子竞技赛事。该馆集高端赛事运营、国际直播中心、专业门户网站于一体,可举办、承办国内外高低端电子竞技赛事。场馆内拥有顶级的硬件设备以及百兆光纤的互联网连接速度,斥巨资打造了高清级别电视直播和视频制作设备,配备Allienware世界顶级游戏电脑。建筑整体造型现代、时尚,突显了电子竞技行业的科技特点和时代特点。

◆ 图 1-15　中国电子竞技运动发展中心

2013 年 7 月 6 日,上海风云电子竞技馆(图 1-16)诞生了,它是由 2010 年上海世博会综艺大厅改建而成的,占地 1 万余平方米,拥有 2000 余个可排布的观众席位,是国内知名的专业电子竞技比赛场馆,无论是高端的硬件设施还是专业的技术配置,都代表了中国电子竞技场馆的顶尖水平。风云电子竞技馆举办过众多电子竞技赛事,在功能上集电子竞技赛事举办、电视节目制作、电子竞技体验、周边娱乐和公司办公于一身,使得新的 LPL 场馆在电子竞技赛事专业性上得到了有力保证。自开馆以来,风云电子竞技馆已接连成功举办了上百场各类专业电子竞技赛事。同时,新场馆还有很多周边设施,让观众能够在观赏高规格赛事之余,在饮食、娱乐、住宿等方面也能得到满足。

◆ 图 1-16　上海风云电子竞技馆

2013 年 7 月 31 日,全国首个永久性电子竞技专业场馆"创·赛场"——上海电子竞技中心(图 1-17)启动仪式在上海四季酒店隆重举行。同年 9 月 22 日,"创·赛场"——上海电子竞技运动中心在宝山景瑞生活广场正式揭牌。该场馆包含比赛大厅、训练基地、产品展示区、玩家互动区等多个功能区域,可以用来举办赛事、明星见面会、厂商推广活动、专业电子培训等,是集科技感、时尚感于一体的电子竞技中心。

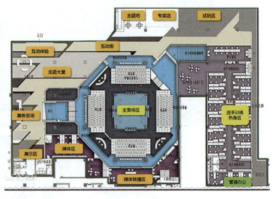

◆图 1-17 "创·赛场"及其平面图

2014 年 11 月 29 日,明基在扬州召开"电子竞技 2.0——梦想的原点"发布会,正式发布"电子竞技 2.0"的理念,希望将线下的电子竞技馆发展成为健康、阳光的线下实体交流平台,让玩家在这里享受电子竞技体验,以推动电子竞技文化的健康发展。明基电子竞技馆始终坚持以玩家体验为出发点,运用管理系统、赛事体系,辅以线上平台工具,让玩家可以实现线上线下双向交流,并协助玩家组建 GamerHood 游戏社交圈。同日,明基全球首家电子竞技馆(扬州 1912 街区)(图 1-18)正式挂牌营业。

◆图 1-18 明基电子竞技馆

2015 年后,随着网咖市场的竞争日益激烈,受到中国政府对电子竞技产业的支持、电子竞技产业规模大幅上涨、电子竞技赛事和爱好者数量增加等利好因素的影响,部分网咖向通用型电子竞技馆转型,谋求发展新机遇。同时,一批专业型电子竞技馆逐步建设起来。

2016 年,联盟电子竞技在北京打造了首个占地 1300 平方米,配备高级设备的专业型电子竞技馆,标志着中国首个专业型电子竞技馆的诞生。该电子竞技馆设有内、外场区,内场区设有专业的电子竞技舞台、LED 大屏幕、天幕和能容纳两百人的观众席;为了便于赛事转播和后期节目制作,场内还设有导播间、主播间以及全球顶级的直播系统和音响舞美设备;外场区提供了日常上网区、手游区、餐饮区和娱乐区。为了满足玩家的不同需求,电子竞技馆的外场区还设置了五间"黑房",为玩家提供了私密性更强的娱乐空间。此外,电子竞技馆还设有"Party 欢乐包",内设能容纳 10 人的桌游区,以及两间"mini K 歌间"、6 台专业"外星人"游戏主机和当下最火热的 VR 体验区(图 1-19)。

◆ 图 1-19 联盟电子竞技馆 VR 体验区、包间、导播间

同年,英雄体育 VSPN 在上海打造了占地 2.6 万平方米,设有电子竞技竞技区、电子竞技培训场、未来游戏机科技体验馆、直播间等完善配套设备的专业型电子竞技馆(图 1-20)。以电子竞技娱乐为核心业务的联盟电子竞技、英雄体育 VSPN 等老牌专业型电子竞技馆分庭抗衡,各自在电子竞技赛事、电子竞技馆运营领域深耕细作。

◆ 图 1-20 量子光 VSPN 电子竞技中心

在政府大力支持电子竞技产业发展的背景下,专业型电子竞技馆成为电子竞技产业的投资热点。阿里巴巴、苏宁、腾讯等互联网巨头纷纷加入专业型电子竞技馆的市场竞争,行业参与主体日益丰富化。2016 年 8 月,在全球电子竞技产业峰会上,苏宁聚力传媒表示已在全国 35 个城市建立了 509 个电子竞技体验中心。同年 7 月,阿里体育召开发布会,提出计划招募 1 万家电子竞技馆,覆盖 3000 万名电子竞技选手和爱好者。在政府的扶持和大量资本涌入的背景下,专业型电子竞技馆行业的参与主体数量增多,新入局者多为具有资源整合优势的品牌企业,旨在以电子竞技为核心打造多元化业务运营模式。专业型电子竞技馆行业正在加速规范化发展,随着场馆的功能和服务不断完善和升级,专业型电子竞技馆将逐渐成为新一代年轻人的娱乐聚集地。

2017 年年初,忠县三峡港湾电子竞技馆投入建设,用时 7 个月,总投资 14 亿元,建成了三峡港湾电子竞技馆(图1-21)。三峡港湾电子竞技馆的总建筑面积约为7.9万平方米,总用钢量近4万吨,接近国家体育场"鸟巢"的钢结构总用钢量。主场馆的整体造型呈圆柱体穹顶,该钢结构穹顶重达2000吨,跨度近100米,桁架高度近6米,整体呈现空间三维结构。场馆中心设有一个八面形大型LED屏幕,用于直播赛事。场馆周边设有6096个观众座位。为了满足全球直播的需求,场馆还设有1000兆专用光纤网络和1000兆备用网络。据了解,除了用于电子竞技大赛以外,该场馆还可以举办篮球、羽毛球、网球等专业体育赛事,因此,该场馆成为亚洲首个专业性质的电子竞技综合场馆。

◆图1-21 三峡港湾电子竞技馆外景、入口、内景

同年5月16日,全国首家电子竞技泛文娱体验中心"666号电子竞技馆"(图1-22)在上海市静安体育中心四楼正式开业。占地2100平方米的666号电子竞技馆定位于电子竞技文化泛娱乐中心,接入职业俱乐部、游戏相关内容制作等资源。场馆拥有专业的设施保障、特有的沉浸式空间、五面光影特效,曾多次举办电子竞技比赛,被称为"中国最好的专业电子竞技场馆之一"。666号电子竞技馆A区是供电子竞技爱好者体验、玩耍的区域,透明的BOX式房间内都配备了赛事级的高配计算机及外设装备。此外,666号电子竞技馆C区的一个蚕茧形VR游戏空间正在探索"VR+电子竞技"的新模式,未来感十足。可以说,666号电子竞技馆的正式落成标志着在上海建立起了一座全新高度的电子竞技地标。

◆图1-22 666号电子竞技馆

2017年6月1日,中国电子竞技产业大会在北京国际服务贸易交易会期间举办,《电子竞技场馆建设标准》现场发布,成为国内首个电子竞技场馆建设标准(图1-23)。标准包括场馆分级、功能分区、用房配置、附属设施、设备配套、软件系统、智能化系统等10个部分,并对电子竞技、电子竞技场馆、主机电子竞技、移动电子竞技、VR电子竞技等进行了规范定义。该标准由中国体育场馆协会作为发布单位,由华体电子竞技公司发起并主

编，通过中国国家标准化管理委员会官网发布，由中国标准化出版社出版并面向全国发行。

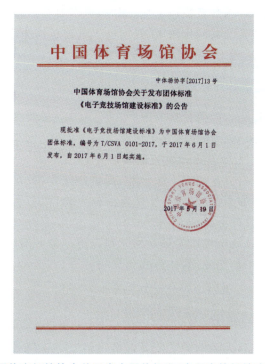

◆ 图 1-23 中国体育场馆协会关于发布团体标准《电子竞技场馆建设标准》的公告

2018年3月20日，全国首个电子竞技场馆组织成立。中国体育场馆协会在张家口崇礼太舞滑雪小镇举行年会，大会就成立电子竞技分会进行审议并获得全票通过。作为首个全国性电子竞技场馆组织，以电子竞技运动为引领，融合休闲体育、智能科技、互动娱乐、文化旅游等领域，解决传统体育载体缺业态、缺内容、缺人气的问题，打造专业电子竞技场馆，集成比赛训练、互动体验、内容制播、粉丝聚会、展示发布、创业创新等多功能，成为区域性年轻群体线下集聚场所，推动传统体育场馆转型升级，助力电子竞技产业园区、电子竞技特色小镇发展。

2019年8月3日，在2019全球电子竞技大会上，上海市文化与旅游局发布了《电子竞技场馆建设规范》和《电子竞技场馆运营服务规范》，这两项标准明确规定了电子竞技场馆的建设要求、等级划分、运营规范等，以及电子竞技场馆应配备的服务设施、设备及更新等要求。

电子竞技场馆组织的成立及相关规范的出台标志着电子竞技场馆走向标准化。

1.3.4 中国电子竞技场馆的发展趋势

1. 电子竞技场馆市场总体发展趋势向好

随着电子竞技产业在我国的快速发展，电子竞技逐渐向传统体育运动项目靠拢，电子竞技场馆也随之成为电子竞技赛事中不可或缺的线下实体平台,并在电子竞技赛事的成功举办和文化推广中发挥了重要作用;在国家及各地方政府的政策引导下,我国电子竞技产业加速发展,电子竞技场馆数量快速增加;同时,电子竞技产业拥有用户量大及消费者意愿强等特点,在这些因素的共同作用下,我国电子竞技场馆的市场规模在未来五年将稳步增长,预计在2023年达到197.6亿元,年复合增长率为21.1%,增速有所放缓。

2. 大型电子竞技场馆专业化趋势

目前,我国电子竞技场馆的质量良莠不齐,真正优质、体验佳的电子竞技场馆仍为少数。电子竞技的大型赛事对于场馆的要求很高,包括优质的网络环境、完善的设备设施、标准化的运营流程等,尤其对于配件设备的要求比许多传统的大型体育赛事更为专业。因此,大型电子竞技场馆有着连接上下游企业、促进产业集群、加快电子竞技行业与传统行业沟通交流等作用,例如电信、联通等传统通信企业就为5G技术在电子竞技场景中的应用贡献了更多具有建设性的意见。

未来的大型电子竞技场馆将作为举办国际顶级电子竞技赛事的首选场地,在整体环境与设备设施上势必要更加专业化,并将成为顶级赛事、产业培训、行业交流、资源整合、管理输出的产业连接地。

3. 场馆经营泛产业化趋势

与大型体育场馆类似,大型电子竞技场馆最终将服务于区域经济的发展。大型电子竞技场馆不仅是线下观看赛事的场所,更具有成为多元商业娱乐中心的潜质。随着商场的演进与娱乐边界的拓展,电子竞技场馆不仅会成为当地的电子竞技中心,更会成为多元化的商业娱乐中心,并最终形成"以电子竞技为中心带动周边经济,以周边经济反哺电子竞技"的泛产业经营开发趋势。

对于以服务C端用户为主的中小型电子竞技场馆而言,在当前消费升级的背景下,场馆运营将更强调精细化服务。除了专业的机器配置与装修环境外,衍生服务与社群氛围的打造能够向用户提供全方位的娱乐体验,并有效提高现有场馆的利用率,最终形成以电子竞技为主题的"消费+购物+娱乐"的商业综合体。

4. 场馆服务标准化趋势

在经济全球化的大背景下,国际电子竞技文化交流活动日益频繁,只有场馆规范化、服务标准化的电子竞技场馆才能吸引更多国内外知名的大型电子竞技赛事。建立与国际接轨且全国统一的电子竞技场馆服务标准,既能促进电子竞技场馆服务管理的科学化,又能为消费者提供电子竞技服务质量的有效识别,为行业的可持续发展提供重要的制度保障。因此,电子竞技场馆服务标准化是电子竞技场馆发展到一定阶段的必然产物。

第 2 章 电子竞技场馆设计

2.1 电子竞技场馆的选址条件

2.1.1 电子竞技场馆存在的重要性

1. 电子竞技馆是新时代城市发展的引擎之一

作为一个新生事物,今天的电子竞技馆或许让人感到新奇,但就在几十年前,电影院不也同样令人感到陌生吗?其实,当人们检视城市文明的发展时,总会看到某些独具文化意义的地标建筑,例如一家茶馆、书店、咖啡厅,或是一座剧院、音乐厅、体育馆,它们是"城市土著"文化和生活不可或缺的场所,也是各地游客争相打卡的"网红圣地",更是不可或缺的城市文化空间。很有可能,在不远的将来,电子竞技馆就会被列入城市的文化地标名单之中,而它的背后则是一种生机勃勃的文化形态和生活方式。

作为新时代城市发展的重要引擎产业之一,电子竞技产业的商业价值和发展潜力已被提升到战略高度,因此,作为电子竞技产业依托实体的电子竞技场馆的建设也被纳入城市的总体战略部署,并将以经济为标尺进行综合评估。电子竞技场馆的选址应从市场经营、电子竞技产业化的角度出发,以发展电子竞技赛事及相关产业孵化、人才培育为目的,以带动城市及周边区域发展为要求,以配合城市空间发展为原则等因素进行综合考量。

2. 电子竞技馆是新时代的文化交流载体

电子竞技馆是泛娱乐的综合体,它承载了各种娱乐场景和文化的输出,是城市娱乐生活在互联网时代的全新体验中心。在电子竞技馆,消费者能感受"电子竞技+各类场景"的沉浸式体验,游戏不仅是游戏,电子竞技不止于电子竞技,虚拟与现实的空间交互,人与虚拟玩家的无边界交流,这才是电子竞技馆该有的样子。

3. 电子竞技馆成为新教育的试验田

如今,新零售、新制造、新技术、新金融和新能源正在深刻改变社会,电子竞技馆的出现也将带来教培体系的全新升级。电子竞技产业的迅猛发展导致了人才需求的巨大缺口,电子竞技教育也成为下一个"风口"。电子竞技教育有别于传统教育,它更强调复合型人才的培养和对新技术的应用,传统的学院式教育已经无法匹配快速更新迭代的电子竞技市场的需求；电子竞技馆能给电子竞技教育赋能，提供丰富的实操环境和教学场景，对于研究数字互娱和人工智能的前沿学科，没有比在电子竞技馆进行项目实操和孵化更合适的平台了。

4. 电子竞技馆是新时代城市的新名片

眼下，中国各大城市都在上演"抢人大战"，争夺人才的背后是争夺城市发展的未来。电子竞技馆的消费理念与年轻群体高度聚合，满足了各类年轻群体的娱乐需求和社交属性，未来能成为电子竞技之都的城市，无一例外都是把电子竞技场馆的建设做到了极致，把电子竞技文化与城市文化高度融合的标杆。电子竞技赛事今后必然会全面推行主客场制，电子竞技也最终会和传统体育赛事一样走向联盟化，并在统一的官方协会的组织下开展各类竞赛模式。对于拥有联盟席位的职业俱乐部而言，落地一座属于自己的城市，打造彰显自己独特个性的电子竞技馆，无疑决定了俱乐部今后健康稳定的生存与发展。

作为中国电子竞技之都的先行者，2019年，上海继中国体育场馆协会、中国互联网上网服务行业协会后发布了《电子竞技场馆建设规范》和《电子竞技场馆运营服务规范》两个标准，而上海作为全国各地电子竞技发展的学习对象，或许能将这两个标准推广成为电子竞技场馆建设发展的全国标准。

这两个标准不仅对场馆的建设要求、等级划分、运营规范和举办相应的赛事、活动转播的要求做出了规范，还对工作人员应具备的技能和职业素养、日常服务、支付服务、赛事服务、广告服务和应急服务做出了规范。

电子竞技场馆是电子竞技产业发展中最具想象力的形态，它和传统体育中的球场一样，既可以连接俱乐部和城市文化，又是城市改造升级的重要通道，这是产业向前驱动的关键一环。

2.1.2 影响电子竞技馆的选址因素

1. 结合城市总体规划的选址原则

电子竞技场馆的选址原则一般离不开交通的可达性、与新居民区的关系、周边基础建筑的建设、发展预留地等方面。从城市规划的角度来看，电子竞技场馆建筑的选址布局与城市总体规划、经济发展战略以及城市交通状况等问题是相关联的，主要考虑因素如下：符合城市总体规划要求，同城市发展方向一致，带动和促进城市发展；综合考虑城市和区域范围内大型场馆建筑的配置，均衡为宜；充分利用自然条件，保护生态环境；便于交通体系的组织，便于大量人流、车流的集结和疏散；充分利用城市现有基础建筑，节约建设投资；合理确定服务半径，主要取决于城市的规模和面积。

一般来说，大型电子竞技馆的服务半径是覆盖整个城市居民区，其内设有大型比赛场馆、互动体验区、餐饮区、产品展示区等一系列配套设施；中型电子竞技馆可以是一个专业的赛事演出中心，给观众提供专业的电子竞技观赛服务，其服务范围能够达到方圆两千米；小型电子竞技馆的影响范围大概是方圆一千米，可以为周边的居民提供电子竞技相关内容的体验和场地租赁服务。电子竞技场馆地址的选择应既满足赛事举办城市的总体规划要求,也要满足体育场馆的布局要求,让使用效益、经济效益、社会效益和环境效益最大化。具体要求有以下几个方面:满足大型赛事的使用要求;根据建筑规模的大小,电子竞技馆应至少有一面或两面临街,城市道路应有足够的通行能力,以保证疏散和交通;便于利用城市已有基础建筑,尽量靠近主城区;根据城市总体规划合理布置电子竞技场馆,满足市民开展文化娱乐活动的需要。

下面以成都量子光电子竞技中心(图 2-1)为例。成都量子光电子竞技中心地处地铁 2 号线与 3 号线交接点,靠近地铁 3 号线与 4 号线交接点,享有成都文化的传承,坐拥春熙路商圈的繁华商业资源。项目以打造专业的电子竞技比赛场馆为标准,配套设施齐全,拥有顶级网络设备环境和优越的地理位置;15 米超高空间,1600 平方米的无柱大厅,灵动百变,可容纳上千人自由活动;适宜赛事、演出、展览、发布、交流等各类活动。

◆ 图 2-1　成都量子光电子竞技中心

成都量子光电子竞技中心毗邻历史悠久的大慈寺,接壤人潮涌动的春熙路商业区,场馆是一座开放式、低密度的街区形态的购物与电子竞技中心,以极其现代的手法演绎传统建筑风格,与散落其间的六栋保留院落和建筑及历史性的街道交相辉映、相得益彰;国际视野与创新设计理念使成都中心的市井风貌得以重现,同时又为这个传统商圈注入了新的生机;众多国际化的零售、餐饮、电子竞技品牌为人们带来了"快耍"与"慢活"的双重体验。

2018 年,《王者荣耀》KPL 职业联赛春季赛在成都和上海正式开赛,实现了东西赛区"双城主客场"的赛事升级。KPL 西部赛区的主场为成都量子光电子竞技中心,这是腾讯第一个聚焦电子竞技内容创业的文创产业众创空间。

按照成都市和 VSPN 的规划,未来成华量子界在项目规模和规划功能上有着较大升级。量子界产业园会呈现两个可以容纳 1500 人的大型综合电子竞技直播场馆,还将引入游戏研发、赛事运营、直转播、云技术等相关产业入驻,融合电子竞技电音、游戏研发、文化艺术、时尚运动和联合办公等元素,同时推动游戏联盟、电子竞技俱乐部和人气赛事落地,构建完整的生态链。

2. 电子竞技场馆在城市中的位置

1）位于城市区域副中心

在城市的整体战略发展过程中，城市的副中心往往决定了城市未来发展空间的大小，因此其开发也日益被提升到战略高度。然而，城市副中心本身存在的关于影响力、拉动性等方面的问题使其在发展上存在一定的困难，因此，借助具有集聚效应、经济效应等积极影响的城市综合体实为上策，而电子竞技场馆因为能吸引大量年轻群体观赛消费，对于刺激周边地区的商业发展有着积极的推动作用。

下面以上海主场 ESP 电子竞技中心（图 2-2）为例。场馆位于上海市普陀区同普路，临近泸定路，靠近中环，从区位上说是一个典型的城市副中心地区。普陀区与多个郊区毗邻，又十分靠近核心城区，处于主副城区经济发展的结合部，这使得它的区位优势十分明显，借助电子竞技这一蓬勃发展的新兴产业，超竞集团全力打造的国内首家以"电子竞技＋商业衍生"为主题的创新商业综合体——"主场 ESP"应运而生。深受业内关注的主场 ESP 已荣获赢商网"2019—2020 年度新文创商业新地标""2019—2020 年度城市商业新地标"奖项，以及 2020"时尚 100＋"年度时尚新打卡点和上海首批电子竞技场馆授证的"上海电子竞技 B 级场馆"等众多奖项。

◆图 2-2 上海主场 ESP 电子竞技中心

主场 ESP 着力于聚集电子竞技、二次元动漫文化、新零售、新文创等创新业态，吸引更多 Z 世代对于电子竞技文化的关注，打造年轻人、电子竞技人的"朝圣"之地，"集合！主场玩家"预开业活动集电子竞技 IP、游戏文化、跨界零售和美食、竞技运动于一体，旨在探索更多维度的"电子竞技＋"，势必树立全国电子竞技属性娱乐商业体的标杆，成为 Z 世代线下娱乐体验聚集地。

拥有了主场 ESP 的普陀区也成为继上海市静安区、杨浦区、浦东新区之后的又一个电子竞技产业发展高地，为其他城市导入电子竞技产业、实现产业落地树立了一个良好的业内标杆。

2）拉动地域特色文旅产业发展

电子竞技场馆的规划选址突出体现了政府的宏伟意愿和城市扩张的决心，置于新老城区交界处的电子竞技馆能起到联系城市的两个独立区域的积极作用。例如位于苏州市阳澄湖区的 LNG 电子竞技俱乐部的主场苏州阳澄国际电子竞技馆（图 2-3）就是一个典型的例子。

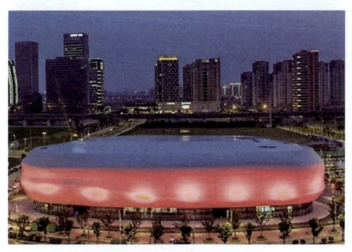

◆图 2-3　苏州阳澄国际电子竞技馆

苏州阳澄国际电子竞技馆是苏州高铁新城打造的首个专业级、国际领先的电子竞技场馆。该场馆位于苏州市高铁新城西公田路以南、水景路以西、北天成路以北、吴韵路以东，总投资 1.2 亿元，总建筑面积近 1 万平方米，其中以 2800 平方米的电子竞技演播厅为核心赛事区域。

苏州阳澄国际电子竞技馆自 2018 年 6 月开馆至今已成功举办近 40 场大型活动，在商演上也可谓星光熠熠，先后吸引了众多演艺界明星以及体育明星到场。江苏省、苏州市乃至全国级别的大型会议活动也先后选择在苏州阳澄国际电子竞技馆举办，为当地的相关产业集聚发展与招商引资发挥了重要作用。目前，国内顶尖的电子竞技俱乐部 LNG 已将主场与训练基地设在苏州高铁新城。2019 虎牙直播手游电子竞技大赛、德玛西亚杯、2020 LPL 春季赛等电子竞技圈内的顶级赛事也先后在这里举行。

苏州阳澄国际电子竞技馆的建立是一次文化和体育产业合作共赢的典范，阳澄湖作为江苏的传统旅游景区，长期以来一直以盛产"大闸蟹"闻名于世，前来阳澄湖度假、吃大闸蟹已经深入人心。而新兴勃发的电子竞技与地域特色的文旅 IP 结合不仅让阳澄湖景区吸引了更多消费者，也成功打入了年轻一代的娱乐世界，拓宽了阳澄湖景区的文旅产业输出渠道，丰富了 IP 的衍生业态。

3）位于城市边缘地带

城市的边缘地带往往在经济上处于劣势，属于经济欠发达地区。然而，对于一些希望通过城市扩张进一步发展经济的发达城市，城市的边缘地带已成为唯一的扩展可能，而最好的扩张方式就是结合城市特色文化打造电子竞技综合场馆。

下面以重庆忠县三峡港湾电子竞技馆（图2-4）为例，忠县位于重庆市中部、三峡库区腹心地带，距离主城210千米，是一个典型的远离主城区的偏远地带。无论是人口还是经济水平，忠县都不能算是发达地区，距离重庆市区相对遥远，交通上的不便利也不利于开展大型文体活动。

◆图2-4　忠县三峡港湾电子竞技馆

然而，随着电子竞技产业的崛起，重庆成为电子竞技产业的先行者，原因有三：一是重庆本土孕育了大量高水平的电子竞技玩家，为国内各俱乐部输送了大量的优秀选手；二是重庆毗邻电子竞技重镇成都，借助地理上的天然优势，使得重庆承接了大量的电子竞技赛事，由此孕育出了众多电子竞技俱乐部和相关企业；三是重庆独一无二的网红城市基因使得娱乐产业十分发达，为电子竞技运动的蓬勃开展提供了肥沃的土壤。

作为一个以旅游产业为主导的地区，忠县斥巨资打造了亚洲首个专业性的电子竞技综合场馆——忠县三峡港湾电子竞技馆——总建筑面积约7.9万平方米，总用钢量近4万吨，接近国家体育场"鸟巢"的钢结构总用钢量。主场馆整体造型呈圆柱体形穹顶，该钢结构穹顶重达2000吨，跨度近100米，桁架高度接近6米，整体呈一个空间三维结构。场馆中心设有一个八面形大型LED屏幕，用于直播赛事。场馆周边设有6096个观众座位。为了满足全球直播的需求，场馆还设有1000兆专用光纤网络和1000兆备用网络。据了解，除了可以电子竞技大赛，场馆还可以举办篮球、羽毛球、网球等专业体育赛事。

在落成的三峡港湾电子竞技馆内，忠县成功举办了2017CMEG总决赛，每天都有6000多名电子竞技爱好者到现场观赛，网络上更有超过6800多万人次观赛，其中虎牙、斗鱼、贴吧电子竞技三大专业电子竞技直播平台上的直播互动参与人数突破了10万大关。围绕着电子竞技馆，忠县通过与国内大型网络公司的合作，构建了集赛事举办、娱乐体验、人才培养、装备制造为一体的电子竞技产业生态圈，用3年时间建成了占地3.2平方千米的全国特色电子竞技小镇。

2.2 电子竞技场馆的区域划分

电子竞技场馆根据功能共分为：比赛区、训练区、裁判区、直转播区、运动员区、观众区、赛事管理区、场馆运行管理区、互动体验区、休闲娱乐区、新闻媒体区、展示交易区。不同等级的电子竞技场馆可以根据实际需求对功能区域进行相应的设置。

电子竞技场馆的区域划分应遵循以下原则。

1. 保障电子竞技赛事各项内容运行的完整性

电子竞技场馆的物理空间是有限的，在现有的空间范围内合理布局，充分保障电子竞技赛事项目完整、流畅运行对任何一家电子竞技场馆的运营方都是最基本的检验基础。而一场完整的电子竞技赛事涵盖了运动员、主持人、解说员、裁判员、观众、演员、导播团队、后勤维护团队等多个服务对象，这就要求运营方对场馆进行必要的空间分割，保证各个服务对象拥有充分的活动空间以及合理的人流动线。

2. 有明确的主次层级关系

电子竞技场馆应有明确的服务层级关系，选手和观众是第一级服务对象，舞台和观众席的位置一定要设置在场馆的核心区域，应给予足够的宽度、高度、纵深以布置舞台和看台；导播作为赛事直转播的技术保障团队同样十分重要，处于第二级服务对象，通常来说，他们的区域应紧邻舞台区，配备稳定的网络和用电输出端口，以保障赛事直转播的顺畅；互动体验和休闲娱乐这些辅助项目作为配套设施可以围绕在场馆的四周，为观众提供观赛以外的娱乐体验。

3. 安全保障建设合理合规

任何一个电子竞技场馆都应遵循公共体育场馆的建设标准，应满足朝向、日照、风向、安全、卫生、消防、环保等建设条件的要求，并根据当地的气候条件，在满足体育竞赛要求的前提下采取节能、节水措施，科学利用自然通风和天然采光，合理确定建设方案。电子竞技场馆必须设置专门的安全逃生通道，在任何一个功能区域都要有明确的安全警示标识，并配备相应的消防设备，场馆的安保人员必须定期接受专业的急救训练。

下面以上海火柴电子竞技馆（图 2-5）的区域划分为例。

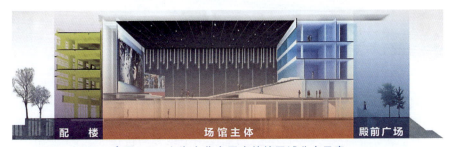

◆图 2-5　上海火柴电子竞技馆区域分布示意

火柴电子竞技馆位于上海市杨浦区周家嘴路和黄兴路交界处的互联宝地园区,紧邻内环高架桥,距离地铁8号线和12号线仅600米,周围有复旦大学、同济大学等多所高校。场馆是由原来的老厂房改建而来的,场馆由殿前广场、场馆主体及配楼三大部分构成。配楼的主要功能是为电子竞技馆运营团队提供日常办公服务,中部的核心区域为场馆的主体,其功能为承办各类电子竞技赛事和大型文体演出或展会,场馆的前部为殿前广场,其功能为提供赛事的外场展示及公共活动空间。

场馆主体共设五层(图2-6)。

一层为下沉广场,包含赛事执行区及开放空间;

二层为舞台区域,完备的配套设施为各类大型赛事活动打造出了不同的舞台效果;

三至五层设有贵宾包厢,出入贵宾包厢享受独立通道。

◆图2-6 上海火柴电子竞技馆结构示意

电子竞技馆配套的下沉式广场(图2-7)为三面开放空间,可承载商业店铺、文化集市、品牌路演、创意快闪、cosplay漫展等商业活动。

◆图2-7 上海火柴电子竞技馆下沉式广场

赛事执行区(图2-8)设有双导播间、化妆更衣间、设备传送间、战队休息间、选手采访间等区域,在举办大型赛事及活动时,该区域可以灵活地扩展至多功能配楼。

入口大厅(图2-9)面积约80平方米,两侧使用十组竖向拼接屏,门头使用一组横向拼

◆图 2-8　上海火柴电子竞技馆赛事执行区

接屏,可供活动方作为信息发布、嘉宾签到、活动宣传区域使用。

◆图 2-9　上海火柴电子竞技馆入口大厅

三至五层共有 11 个贵宾包厢(图 2-10),出入贵宾包厢可享受独立通道,满足高级观赛、互动观赛、私人订制服务等多种需求。包厢内设有智能控制系统,包括灯光控制系统、空调控制系统、环境监测系统、背景音乐系统、同步直播系统。

上海火柴电子竞技馆的赛场面积为 1100 平方米,为阶梯式看台,可容纳观众 800～1000 人(图 2-11),配楼设有多个战队备战间,可满足 8 支战队同时备战,并通过独立动线进入二楼舞台区;另设有演播厅、媒体发布厅、赛事办公区、会议室等。

可以看到,上海火柴电子竞技馆在区域划分上主次鲜明,各功能区域空间分配合理,人流动线设计充分考虑到不同服务对象的需求,使场馆的利用率达到最大化。

◆图 2-10　上海火柴电子竞技馆观众席及贵宾包厢

◆图 2-11　上海火柴电子竞技馆舞台

2.3　电子竞技场馆的动线规划

2.3.1　人流动线的概念

如果把一个电子竞技场馆比作一个人,那么场馆的外部建筑设计就是骨架,内部空间设计就是血肉,人流系统就是血管,而观众就是血液。如果观众不能沿着人流动线流动起来,就好比血液不能在血管中流动,那么这个电子竞技馆就将无法生存。因此,人流系统的设计至关重要,它直接关系到整个电子竞技馆的生命。

人流系统设计的核心是人流动线的设计。动线,顾名思义,是指人们自然行走的路线。良好的人流动线设计能引导和方便观众出入场馆,避免产生死角,也能延长观众在场馆的停留时间,以进行观赛消费的活动,并让观众获得舒适的观赛体验和良好的体验式消费感受,从而使电子竞技馆得到广大消费者的认可,实现商业回报。

电子竞技场馆是开展商业活动的大型场所,因此电子竞技场馆的人流动线应符合商业动线设计的特性。但要明确一点——不要为了设计动线而研究动线。动线研究是为了引导人流、均衡人流、方便人流、服务人流,避免商业死角,使电子竞技场馆中的每个业态的商业价值都实现保值和增值,以保障电子竞技场馆健康稳定的经营。

2.3.2 电子竞技场馆人流动线基本类型

1. 单通道环流式

图2-12所示为单通道环流式动线结构的电子竞技场馆,这也是目前很多中小型体育场馆中最为常见的动线设计。

特点:以观赛区为核心,人流动线形成循环流动。

适用条件:多适用于建筑面积较小的电子竞技馆。

优点:最大程度地利用核心区域的面积,内部人流可以自由循环流动。

缺点:动线设计单一,制约了电子竞技馆扩展其他衍生娱乐项目的空间,难以让观众长时间地聚留以产生多频次的消费行为。

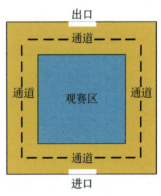

◆图2-12 单通道环流式动线

2. 双通道环流式

图2-13所示为双通道环流式动线结构的电子竞技场馆,这也是目前很多大型体育场馆中最为常见的动线设计。

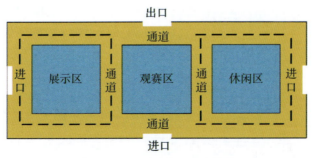

◆图2-13 双通道环流式动线

特点：将电子竞技馆按照若干功能区域进行划分，通过次通道将两侧通道连接，使人流动线形成循环流动。

适用条件：一般适用于建筑面积较大的电子竞技场馆；场馆结构多为宽度较大的长方形。

优点：可以增加场馆的通透感，各个功能区域互不干扰，并提高观众在各个区域的到达率；内部人流可以自由、灵活地循环流动。

缺点：需要浪费一部分的空间。

3. 复合式

图 2-14 所示为复合式动线结构的电子竞技场馆，这也是目前很多超大型体育场馆及商业综合体中最为常见的动线设计。

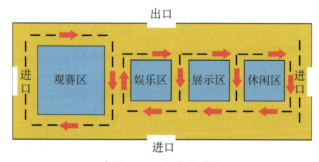

◆图 2-14　复合式动线

特点：是前面所述的几种人流动线的组合。

适用条件：一般适用于建筑面积较大的电子竞技场馆。

优点：可以根据项目的具体情况吸收各种人流动线的优势，人流动线更加灵活多变。

缺点：对电子竞技馆的面积要求较高。

2.3.3　人流动线设计原则

1. 水平人流动线

原则 1：曲直结合。

曲直结合要达到两个目的：既要使顾客对整体格局有所把握，不至于迷失方向，又不能过于平直单调，一望到底，尽收眼内，而缺乏"逛"的乐趣。此外，曲与直的变化可以改变动线的心理长度，适当地增加过长的动线的曲度可以避免观众产生动线过长的心理感觉。

原则 2：平缓的角度。

平面动线之内，圆角优于钝角，钝角优于直角，尽量少出现锐角。要平缓、无意地改变顾客的行进路线，而不是强制性的。同时，平缓的角度有利于给顾客营造惬意的空间氛围。

原则 3：合适的通道宽度。

要根据电子竞技馆的面积、业态、市场定位、人流量等因素确定通道的宽度，而在同一个电子竞技馆内,又要根据场馆的建筑面积、业态分布、具体位置等因素确定每条通道的宽度。

原则 4:适宜的长度。

长度指两方面:一是平面动线的总长度要使顾客用最少的时间完成场馆内所有展示区的游览体验;二是单条动线的直线长度不宜过长。

原则 5:主动线要流经尽可能多的展示区。

从长度的角度考虑,在经过所有展示区的前提下,总长度越短越好。从场馆的角度考虑,其邻面的数量越多,动线效果就越好。因此,动线设计要综合、平衡。

原则 6:动线要形成回路。

人流动线必须形成回路,尽量不出现射线,避免让顾客走回头路。如果人流动线无法避免在平面内形成单条射线,则考虑在端点处设置一些餐饮、洗手间、垂直电梯以满足顾客的特殊需求。

2. 垂直人流动线

对于多层的电子竞技场馆,除了水平人流动线设计外,还有垂直人流动线设计,即考虑如何让顾客在场馆内便捷地往上和往下流动。垂直人流的引导是通过垂直交通工具实现的,相对于水平人流来说较为简单,只需要处理好垂直交通工具的形式、数量、地点即可。

1)形式

形式是指使用何种垂直交通工具,如电动扶梯、垂直电梯、坡道、普通楼梯、个性化楼梯等。此外,还必须考虑采用何种形式,如电动扶梯是采用并列式还是剪刀式,垂直电梯是采用观光式还是普通式。电子竞技场馆一般都会采取不同形式的垂直交通工具相结合的做法。

2)数量

一个电子竞技场馆需要多少垂直交通工具并没有固定的指标,应根据电子竞技馆的规模、建筑设计、定位、人流量等因素确定。总体原则是:电子竞技馆规模和人流量越大,需要的垂直交通工具就越多。

3)地点

电子竞技馆通常只为运动员和嘉宾设置专用的直达电梯,一般电梯的位置位于场馆的后区,应与赛场保持一定距离,这是为了保护选手及嘉宾的人身安全,专用电梯必须安排安保人员守候。目前,国内大部分电子竞技场馆多为单层和双层建筑结构,极少数超过两层,因此普通观众只需要通过一层的公共入口即可进场,电子竞技馆也会在入口处设置专门的通道以方便行动不便的特殊人群进场。

2.3.4 引导人流的技巧

1. 外部建筑

外部建筑是电子竞技场馆给顾客的第一印象,电子竞技的用户大多是年轻人,他们追逐潮流，标新立异，时尚、漂亮、有特色的外部建筑可以激起顾客的消费欲望，吸引途经人群进入电子竞技馆进行消费，而无特色、乏味、落伍的外部建筑则会极大地影响顾客的消费欲望，甚至放弃到这里进行消费。

2. 导视系统

电子竞技馆的导视系统分为外部导视系统和内部导视系统。外部导视系统的主要作用是引导外部的人流进入电子竞技馆。内部导视系统的主要作用在于让顾客了解电子竞技馆内的业态分布状况，方便顾客到自己想要去的地方，并让顾客明确自己现在所处的位置，不至于迷失方向。

3. 广告

与电子竞技馆合作的商家的广告可以让喜好这一品牌的顾客了解在此电子竞技馆内有这样的一家商家，引导外部人流进入电子竞技馆。同时，这些广告往往会标明商家所处的位置，方便有需要的顾客前往，起到了很好的人流引导作用，同时也为电子竞技场馆本身带来了知名度。

4. 店招

显眼、有吸引力的店招可以让顾客从远处就知道电子竞技馆所处的位置，引导人流前往目的地。

5. 地面铺装

地面铺装在电子竞技馆的动线设计中有着非常重要的作用：漂亮的地面铺装有利于营造良好的氛围；不同的地面铺装可以起到划分区域的作用，使得业态的分布更加清晰；可以利用地面铺装做一些相关的宣传和广告；可以利用地面铺装做路线的指示，引导人流前进。

6. 天花装饰

天花装饰与地面铺装的作用比较接近，一方面可以通过酷炫、有电子竞技元素的天花装饰营造更好的场馆氛围，另一方面可以通过不同的天花装饰起到分区的作用，引导人流前往不同的区域。

7. 景观小品

在室外，可以在广场处做一些景观小品，以达到吸引人流和聚集人流的效果。在室内，主要在中庭等空间较为充裕的地方设置一些电子竞技知名的IP形象，例如雕塑、模型、充气玩偶等，以起到聚集人流、汇聚人气的效果。

8. 业态布置

不同的业态布置方式对人流有不同的引导作用，要根据电子竞技馆的具体情况，例如场馆面积、建筑构造、人流量、市场定位、所处位置等,综合考虑以上因素采用最优的业态布置方式,有效地引导人流到达电子竞技馆的每一个角落。

9. 相关配套

电子竞技馆的建设有两个基本原则——易达性和聚集性,即要将电子竞技馆建在集客能力最强、顾客最方便、最容易到达的地方。要实现这两大原则,必须通过相关的配套完成,因此电子竞技馆的相关配套十分重要。

停车场:停车场的设置要综合考虑该城市的交通情况、电子竞技馆的人流量、所处片区居民的构成等因素,合适的停车场可以方便驾车顾客进出电子竞技馆。

广场:许多大型电子竞技馆都设有广场,广场可作为停车场或顾客暂时休息的场所,也可为顾客提供游玩的平台,能够起到良好的聚客作用;另外,广场也可以是室内电子竞技馆空间的有益延伸,可在广场周边布置餐饮、休闲项目或室外运动娱乐设施,也可将其作为户外展示及大型营销活动的空间。

2.4 电子竞技场馆的跨界运营

电子竞技跨界的趋势已不可避免,从影视、文娱到餐饮、旅游,电子竞技几乎加遍了泛娱乐产业的一切好友。中国电子竞技产业正处在高速发展期,其他行业同电子竞技赛事的跨界合作能否有效地激发商业价值及品牌潜力已成为人们关注的焦点。

电子竞技场馆主要分为本体产业、关联产业和延伸产业。

- 本体产业主要是电子竞技赛事、场地租赁和人才培训。举办电子竞技赛事以赛事为龙头带动相关产业发展,提高场馆利用率,增加人气,提升场馆品牌形象与关注度;场地租赁是基础业务,可以获得稳定的收入与消费人群;人才培训是增值服务,可以培育客户和消费群体。
- 关联产业包括文化演出、电子竞技会展、票务、会议会务、电子竞技周边用品销售等商业服务,以及广告无形资产开发等内容。
- 延伸产业主要是围绕电子竞技场馆开展的电子竞技旅游、开发电子竞技行业特许商品,以及配套商业、综合体开发,以获取更大价值,形成有特色的城市商圈和居住区。

2.4.1 电子竞技热助推旅游产业兴盛

竞技体育强烈的张力和冲击感天然地吸引着热爱冒险的旅行者,而举办城市美丽的风景和别样的风土人情也是游戏爱好者眼中一道靓丽的风景线。近年来,旅游城市逐渐成为举办电子竞技赛事的首选之地。两届德玛西亚杯《英雄联盟》比赛分别花落青岛和珠海,第二届世界电子竞技运动会则选择在风景秀丽的海口举办。观看比赛之余,到旅游景点闲游信步、赏花聊天、品尝美食已成为不少游戏爱好者的电子竞技旅途中的固定项目。

电子竞技和旅游相得益彰并非偶然。电子竞技爱好者的年龄分布集中，主要是年轻人和学生群体，他们正是旅游消费的主要生力军。此外，电子竞技和旅游这一对线上和线下的组合还产生了化学反应：旅游城市成为电子竞技赛事宣传的又一亮点，电子竞技赛事的举办也为旅游城市增光添彩，吸引了更多游人的目光。

因此，电子竞技馆要与当地的旅游产业进行深度融合，打造"电子竞技＋旅游"的新概念文旅产业。通过在电子竞技馆举办高水平的赛事吸引各地的电子竞技玩家前来观赛，在赛前、赛中和赛后的不同阶段，通过各种渠道对赛事主办城市进行大力宣传，吸引广大电子竞技用户前往各处旅游景点、观光消费。

2.4.2 电子竞技小镇"蓝海"待开发

很多旅游城市已看到电子竞技赛事带来的流量和机遇。时任上海市副市长翁铁慧曾参与电子竞技赛事 TI9 的宣传片拍摄，宣布上海将对该项赛事给予全力支持。中旅等旅游公司也陆续推出针对电子竞技爱好者的特别旅行团，免去游客自己购买比赛门票的环节，并附赠当地景点的可选游玩项目。

不过，最近崛起的电子竞技产业还是"小荷才露尖尖角"，电子竞技和旅游的深度融合开发仍在探索之中。现今流行的赛事旅游虽繁茂一时，却难以成为稳定的旅游资源。不少商家已将目光瞄准更有文化蕴涵的电子竞技小镇。但是，当前的电子竞技小镇不少是冠以电子竞技名义的房地产开发项目、工业园、科技园、产业园，人们对这些小镇的评价往往是"没有什么可玩的"。真正服务于电子竞技爱好者旅游消费倾向的电子竞技小镇还需要有自身独特的景区设计和商业模式，既要保持电子竞技的特色，又要符合旅游消费规律，两者的融合互促将更加精彩多姿。

电子竞技馆无疑是电子竞技小镇中的地标性建筑，如何彰显电子竞技小镇的特色、做好电子竞技馆的建设无疑是核心。有了电子竞技馆，玩家们率先有了一个聚集地，围绕电子竞技馆，可在周边配套各种休闲娱乐的服务项目，将"吃喝玩乐娱"高密度一体化，如此这般，电子竞技小镇方可在真正意义上称为"小镇"，也才真正能带动地方产业转型，实现经济增长，激活城市文明。

2.4.3 泛娱乐跨界融合

近两年，影视界、综艺界、体育界的明星纷纷进入电子竞技行业。在泛娱乐高度发达的今天，电子竞技产业与音乐、影视、体育等多个行业建立多元化、全方位的合作关系，利用明星的知名度及强大的号召力促进自身的发展。在这些跨界合作中，电子竞技与影视的联合可谓是重头戏。

目前，影视产业的发展正处于上升期，依托该领域的覆盖广度及深度推广电子竞技产业，是电子竞技行业经营者采用创新思维开辟发展道路的全新体验。而且，电子竞技产业与影视产业的跨界合作还能够推动电子竞技产业向着泛娱乐化的方向发展。

另外，电子竞技产业本身诞生了大批成功的 IP，蕴藏着巨大的商业价值。结合影视产业开发这些独立 IP，既能促进电子竞技产业的多元化发展，拓宽利润来源渠道，又能促进电子竞技产业的大众化发展，吸引更多用户加入，实现粉丝用户的积累。

配套设施齐全、软硬件完善的电子竞技馆是当下很多电子竞技主题影视剧最为理想的拍摄取景地。电子竞技馆拥有高度专业的赛训场景、充满科技和潮流感的空间、丰富的电子竞技 IP 内容呈现，不仅大幅减轻了剧组布置场景、制作道具的工作负担，也无须担心观众对这类题材感到陌生和疑惑。电子竞技玩家长期观看各类电子竞技赛事，对于电子竞技馆毫不陌生，发生在电子竞技馆里的各种剧情也更容易引发玩家的集体共鸣。随着电子竞技产业的不断发展壮大，电子竞技题材的影视剧作品会呈现井喷的势态，电子竞技馆也将成为这一时代的年轻人的宠儿。

2.4.4　成功案例解析：nice 电子竞技馆与"虾满堂"的跨界营销

位于上海市静安区灵石路珠江创意园里的 nice（奈锶）电子竞技馆是国内首个电子竞技主题的生活馆，它以电子竞技为核心 IP，结合餐饮、观赛、活动、展会等业态，打造了一个有着丰富泛娱乐产业生态的线下商业体。

2020 年，上海推行"夜经济"，nice 电子竞技馆融合了游戏和文创等元素，在珠江创意园打造了电子竞技夜市，吸引了大量年轻人光顾游玩，为电子竞技馆带来了丰富的人流，也给珠江创意园带来了不俗的商业营收。同年，《英雄联盟》S10 全球总决赛落户上海，nice 电子竞技馆打造了"第二主场"的概念，承办了《英雄联盟》S10 期间上海地区的线下观赛活动，跨界联动了哈尔滨啤酒等知名品牌，为广大电子竞技玩家营造了一个舒适畅快的观赛空间，将"美食＋电子竞技＋社交"的泛娱乐经济模式进行了完美演绎。

2021 年，nice 电子竞技馆与上海知名餐饮品牌"虾满堂"强强联手，跨界整合了全新的 IP——XMT 龙虾电子竞技馆（图 2-15），将上海市民颇为喜爱的美食小龙虾与广大年轻人追捧的电子竞技合二为一，将美食体验与电子竞技观赛、游戏体验和社交活动相结合（图 2-16 和图 2-17）。

◆图 2-15　XMT 龙虾电子竞技馆门头

◆图 2-16　XMT 龙虾电子竞技馆实景（1）

◆图 2-17　XMT 龙虾电子竞技馆实景（2）

受益于珠江创意园浓厚的电子竞技氛围，在国内顶级电子竞技俱乐部 EDG 的光环加持下，加上周边集聚了 VSPN、香蕉互娱、动视暴雪、字节跳动、七煌电子竞技等电子竞技关联企业，灵石路成为名副其实的"宇宙电子竞技中心"，使上海当之无愧地成为全球电子竞技之都。

未来，电子竞技与各个行业的跨界组合会成为常态，虚拟娱乐与线下实体商业将进行深度结合，产生全新的商业模式，为中国电子竞技产业的繁荣做出杰出贡献。

2.5　电子竞技场馆的设计

下面结合案例分析一个优秀的电子竞技馆是如何设计出来的。

2.5.1 案例一：深圳富士康电子竞技馆

1. 公司介绍

富士康科技集团是专门从事计算机、通信、消费性电子等 3C 产品研发制造，广泛涉足数字内容、汽车零组件、通路、云计算服务及新能源、新材料开发应用的高新科技企业。

凭借前瞻决策、扎根科技和专业制造，自 1974 年成立以来，富士康迅速发展壮大，拥有百万余名员工及全球顶尖的客户群，是全球最大的电子产业科技制造服务商，2016 年进出口总额占中国进出口总额 3.6％，2017 年位居《财富》全球 500 强企业第 27 位。

2. 建馆初衷

① 紧跟时下热点，为员工提供互动娱乐体验，符合年轻工人这一目标群体肖像的娱乐生活，打造自有电子竞技品牌。

② 让员工在工作之余拥有良好的休闲体验，享受工作之外的彻底放松，让厂区不再只是一个工作厂区，而成为一个全方位的生活空间。

③ 组织多元化活动，促进企业内部人际沟通，让员工可以获得工作之外的满足感和获得感，提升企业凝聚力与向心力。

3. 设计思路

从 FOXCONN 企业名称中提取字母 X 形成富士康自有电子竞技品牌名称（图 2-18），并将 X 元素融入整馆的设计当中，贯穿全场，强化品牌记忆。

◆ 图 2-18 富士康电子竞技馆的 LOGO

X 元素形如乘积符号，有着两者相乘的含义，代表着对战，也代表着合作和完美组合，寓意着企业内部员工的沟通流动。

X 代表未知，既象征着员工在馆内可以激发潜能，获得这个维度中的成功，也蕴含着无限想象空间。

4. 灵感来源

引入古罗马竞技场的样式,采用下沉式设计,更具气势与视觉冲击力,同时古代竞技场与电子竞技的对战性一脉相承(图 2-19)。

◆图 2-19 富士康电子竞技馆设计素材

由于富士康电子竞技馆是在原有厂房的基础上改建的,因此设计师在不破坏原有厂房造型的基础上利用涂鸦和灯光对电子竞技馆的外立面进行了铺设,增加了一条延伸至场馆外主干道的廊道,起到了引导观众入场的作用。电子竞技馆外增设木栅地面,放置了遮阳伞和咖啡桌椅,让电子竞技馆进化为一个综合性的生活服务空间(图 2-20)。

◆图 2-20 富士康电子竞技馆建筑外观

栈道入口与场馆风格一致,左侧为与电子竞技馆门头相同的铁丝网加灯光材质,用来展示场馆名称,右侧则用超大 LED 屏循环播放电子竞技品牌形象宣传片与场馆实时活动、人流情况。整个门头造型前卫,科技感十足,标识醒目,起到了很好的氛围营造效果(图 2-21)。

◆图 2-21　富士康电子竞技馆入口门头

电子竞技馆外观采用富有几何张力的切线形式构成,中间大门为梯形,与 X-ZONE 主题中 X 保持规整平行,而两侧装饰则将 X-ZONE 主题中 X 左右拆分,富有视觉美感。红蓝色的对立也彰显着电子竞技激情对抗的元素(图 2-22)。

◆图 2-22　富士康电子竞技馆正门

富士康电子竞技馆是一个典型的方正建筑体,内部中空无柱,拥有高达 18 米的挑高,使得它可以做成两层的空间布局,根据设计师的构想,赛场主舞台被设计成古罗马竞技场的下沉式空间,舞台围绕赛场形成换装的阶梯式看台结构;观众可通过阶梯式入口进入看台,运动员则由阶梯式入口下方两侧的通道进入主舞台,电子竞技馆的二层设有各种娱乐项目的体验区,玩家可以根据自己喜好进入各个体验区进行丰富的游戏娱乐(图 2-23)。

富士康电子竞技馆的人流动线采用了常用的回字形循环人流动线(图 2-24),观众和运动员在入口处进行分流,各自进入主舞台区,一层和二层通过阶梯式看台的四个斜坡自然相连,在整体无柱子遮挡的空间下,这样的人流动线是十分合理的,观众在一览无余的视觉环境下可以清晰地看到场馆内各个功能区的位置,只需要按照环形路线行走便可以轻松地光顾各个区域。

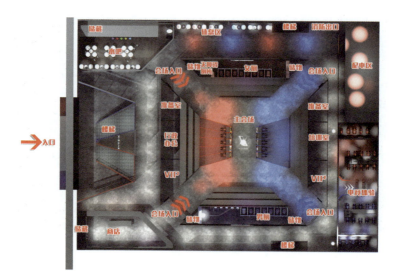

◆图 2-23　富士康电子竞技馆布局平面图

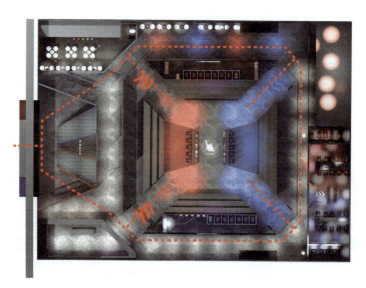

◆图 2-24　富士康电子竞技馆人流动线

走进大门后,一眼可见的就是红蓝两色的楼梯,通过灯条指引入场路线,打造炫酷风格(图 2-25)。

红蓝对抗的色彩延续到竞技场内部,在中间对撞出主舞台区域,整场均采用丰富的多媒体及灯光进行丰富。顶部悬挂屏幕烘托氛围,方便各个方向的观众看到竞技或演出内容(图 2-26)。

舞台竞技区旁边配有商业区,方便观众在观赛之余进行消费购物(图 2-27)。

水吧区域引入铁丝与发光灯带元素,呼应门头风格。暗黑氛围与普通水吧有一定的视觉区别,墙面点缀 X-ZONE 标志、游戏道具等,提供各色简餐饮品(图 2-28)。

◆图 2-25　富士康电子竞技馆入口处

◆图 2-26　富士康电子竞技馆主舞台

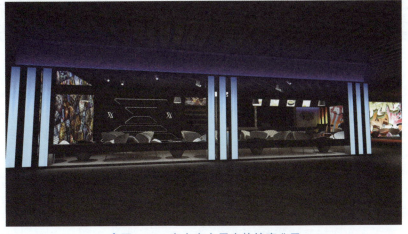

◆图 2-27　富士康电子竞技馆商业区

◆图 2-28　富士康电子竞技馆水吧台

品牌商业展示区采用红色为主色调,与水吧风格统一,外部进行明星产品展示。店内的大量海报与产品虚实结合展出(图 2-29)。

◆图 2-29　富士康电子竞技馆商业区

选择更具工业感的墙面材质,不同色彩的灯带勾勒出各类产品。过道墙面加入诸多潮流文字和贴图元素,加强年轻时尚的街头文化氛围(图 2-30)。

舞台竞技的另一侧为电子竞技体验区,让观众在观赛之余能够很方便地上场亲身体验(图 2-31)。采用专业性极强的电子竞技桌椅,地台使用发光灯带勾勒,增强游戏参与者的体验感。电子竞技体验区的桌椅和墙面点缀诸多 X-ZONE 标志,加强品牌辨识度,为之后创立富士康自有电子竞技品牌做铺垫。

利用过道设立休息区。用灯带勾勒出盥洗室的标识,形象且便于识别(图 2-32)。

盥洗室融入了更多年轻多彩的风格,运用涂鸦式的街头文化装点墙面、地面及设施(图 2-33)。

◆图 2-30　富士康电子竞技馆产品售卖柜

◆图 2-31　富士康电子竞技馆电子竞技体验区

◆图 2-32　富士康电子竞技馆一楼电子竞技休息区

◆图 2-33　富士康电子竞技馆盥洗室

电视游戏体验区以绿色为主色调,突出居家游戏和绿色健康的生活理念,入口处的大型 X 装饰提供了良好的拍摄效果(图 2-34)。

◆图 2-34　富士康电子竞技馆电视游戏体验区

电脑游戏体验区运用红色色块,为不同的游戏类型设置了合适的体验空间。墙面贴有相应区域的游戏海报和品牌标志,与门头形象相统一(图 2-35)。

考虑到电脑游戏的游玩时间通常较长,故在电脑游戏体验区旁增设一个水吧,便于玩家购买饮料(图 2-36)。

VR 游戏体验区采用蓝色色块,分设单人和双人游戏区,以满足不同需求。区域周围设有护栏,以保障游戏期间的安全性。而超大屏幕可以让未参与到游戏中的玩家也能看到游戏画面(图 2-37)。

手机游戏体验区以黄色为主色调,便于区分各体验专区。《王者荣耀》区域采用更具独立性的"五人小黑屋",便于战队"开黑",加强沉浸式体验(图 2-38)。

二层通道则同样设置休闲吧椅,供玩家闲坐小憩(图 2-39)。

◆图 2-35　富士康电子竞技馆电脑游戏体验区

◆图 2-36　富士康电子竞技馆电脑游戏体验区水吧

◆图 2-37　富士康电子竞技馆 VR 游戏体验区

◆图 2-38 富士康电子竞技馆手机游戏体验区

◆图 2-39 富士康电子竞技馆二层通道休息区

富士康电子竞技馆是电子竞技场馆中的"经典款",和官方企业打造的电子竞技场馆不同,它是第一家真正意义上的电子竞技主题生活馆。富士康电子竞技馆将企业打造泛娱乐产业、丰富员工业余文化娱乐生活的理念融入电子竞技运动,将赛事、游戏、社交、餐饮等业态融为一体,巧妙地解决了富士康厂区远离市区、员工娱乐生活匮乏的现状,又将空置的厂房进行了有效利用,体现了企业良好的市场运作能力和关爱员工的人文关怀理念,对富士康这一传统知名制造业品牌更好地吸引年轻群体、延续品牌的市场口碑做出了杰出贡献。

2.5.2 案例二：沐尘电子竞技馆

1. 场馆介绍

沐尘电子竞技馆位于上海市闵行区中庚漫游城(图 2-40),毗邻 1 号线莲花路地铁站,区政府专门为项目建设了从中庚漫游城直达莲花路地铁站的天桥,位于地铁1号线及规划中的21号线的双轨交会处,紧邻沪闵沐尘电子竞技馆高架中环线,5分钟即可抵达上海南站,20分钟即可抵达上海虹桥机场,交通便利。

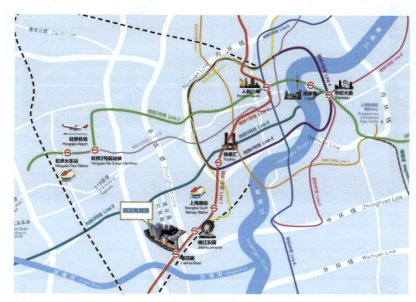

◆图 2-40　沐尘电子竞技馆地理位置

2. 场馆所在商城介绍

中庚漫游城位于闵行区,地处南方中心商务区,是整个闵行区的商业中心。项目包含三栋30层写字楼,一栋18层五星酒店,一栋5层集中式商业楼,六栋3～4层街区式商业楼,同时配有3层地下室(含2.6万平方米地下集中商铺)及2000多个停车位(图2-41)。

◆图 2-41　沐尘电子竞技馆所在商城

场馆位于上海市闵行区闵虹路8号中庚漫游城商业综合体四楼,占地面积约为6000平方米,实际使用面积为3087平方米(图2-42)。

以电子竞技舞台为核心,还包含竞赛区、无人潮饮店、手游咖啡馆、潮牌店、贵宾包厢、

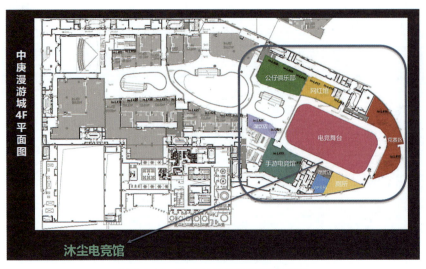

◆图 2-42　沐尘电子竞技馆所在楼层

网红馆、综艺演播间、公仔俱乐部等经营内容(图 2-43)。

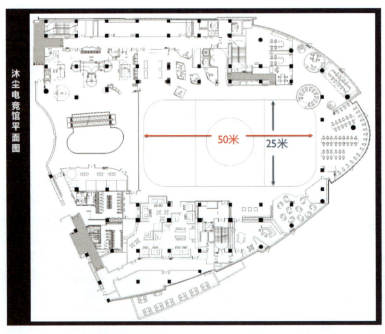

◆图 2-43　沐尘电子竞技馆平面图

3. 各功能区域介绍

电子竞技舞台区域面积为 1243 平方米,层高 14 米,truss 架底部距离地面 9 米;电子竞技舞台区域电力负荷为 240kW 网络,电信 1100MB/s 商业专用上下行带宽;舞台中心可容纳 1000 人(图 2-44)。

◆图 2-44　沐尘电子竞技馆内场实景

由中央电视台知名舞美设计团队打造,以电子竞技赛事为核心且能够满足多种活动形式的需求。舞台区域面积为 1400 平方米,层高 14 米,底部为 500 平方米的超大型数控可移动式六边形舞台,舞台中包含 CO_2 气柱机、射灯、音响、灯带等设备。为了打造更好的电子竞技视听盛宴,场馆特意悬空吊挂了 6 面尺寸为 2.5m×4m 的 LED 屏幕,场馆顶部布设有上百盏效果灯光及音响阵列,场地两端还各有一面 4m×8m 的超大型 LED 屏幕(图 2-45)。

◆图 2-45　沐尘电子竞技馆舞台

沐尘电子竞技馆首创了女性主题的娱乐元素,在电子竞技馆入口处设置了针对年轻女性群体的夹娃娃机体验区,设计了流水线式的自动夹娃娃机,整体色彩氛围以粉红色的主色调,这在整体以冷色、暗色系为主流的电子竞技场馆里显得分外引人注目(图 2-46)。

沐尘电子竞技馆设计了可供主播直播带货的独立网红直播区,采用透明玻璃的大开间,结合灯带分割,既是一个展示区域,同时兼有商业营运功能(图 2-47)。

◆图 2-46　沐尘电子竞技馆外场娱乐区

◆图 2-47　沐尘电子竞技馆网红直播区

电梯被设计成了太空舱式的结构,玩家从一进入电子竞技馆就仿佛置身于一座科幻之城(图 2-48)。

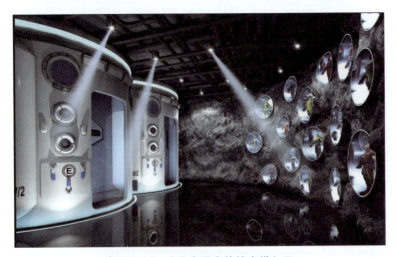

◆图 2-48　沐尘电子竞技馆电梯入口

沐尘电子竞技馆首创了太空舱式的 VIP 房,区别于一般网吧的包房,其内部空间宛如一个宇宙飞船的指挥舱,置身其中犹如化身为指挥官,驾驭着太空船翱翔在游戏世界里,给予玩家全新的游戏体验(图 2-49)。

◆图 2-49　沐尘电子竞技馆黑房

除了太空舱式的 VIP 房,沐尘电子竞技馆还借鉴了科幻电影《侏罗纪公园》中的球形观光车,设计了球形 VIP 房,配备了高端的电子竞技一体机,玩家可以获得寻常难以享受到的极致游戏体验(图 2-50)。

◆图 2-50　沐尘电子竞技馆双人 VIP 房

沐尘电子竞技馆为电子竞技俱乐部提供了专业的训练场所,密封太空舱式的设计有效地为队员提供了一个私密安静的训练环境(图 2-51)。

沐尘电子竞技馆主打科幻工业风,因此连卫生间都被设计成了太空舱的造型,四周的墙壁和地面通过人造石钟乳和亚克力异形灯箱营造出一种充满神秘色彩的异星球的氛围(图 2-52)。

◆图 2-51　沐尘电子竞技馆战队训练房

◆图 2-52　沐尘电子竞技馆卫生间

对于现代都市的年轻一代来说,时尚且富有科技感的电子竞技馆是理想的聚集地,电子竞技馆融合了网吧、沉浸式剧场、互动体验、虚拟现实等娱乐业态,不仅满足了玩家精神层面的娱乐需求,沉浸式的线下消费场景和丰富的 Z 世代商品也极大地满足了他们收藏、把玩、分享的社交需求。沐尘开创了电子竞技馆的 2.0 时代,将泛娱乐产业无限延伸跨界,形成了全新的商业生态。

2.5.3　案例三：狄鹿电子竞技馆

1. 电子竞技馆主题

以"过去""现在""未来"为时间线展现了电子竞技波澜壮阔的发展史(图 2-53),通过全息投影、互动触摸屏、大型模拟器、VR 等高科技技术全方位地呈现电子竞技集体育竞技、智能科技、文化创新于一体的魅力。

◆图 2-53　狄鹿电子竞技馆的理念

狄鹿电子竞技馆颠覆了传统电子竞技场馆单一固化的应用场景，将展示、体验、竞技、教育融为一体，既突出了学校教书育人的核心要素，也突出了电子竞技教育"产""学""研""娱"四位一体的育人模式，为推动电子竞技教育在我国的深度落地树立了良好的典范。

2. 电子竞技馆功能介绍

科技展厅。融合了各项交互技术、数字多媒体技术、虚拟现实技术的多功能展馆，以丰富的手段展示了电子竞技波澜壮阔的发展史，生动形象地阐述了电子竞技教育的重要性及其未来广阔的发展前景，充分展现了狄鹿电子竞技学院布局电子竞技产业，深耕电子竞技教育，打造湖南乃至全国一流电子竞技教育院校的决心和实力（图 2-54）。

◆图 2-54　狄鹿电子竞技馆平面布局

电子竞技馆。电子竞技馆是展馆的核心场景，狄鹿电子竞技学院以对标顶级电子竞技专业场馆的水准，打造出媲美职业赛事的舞美效果和观赛体验。在满足高水平赛事需求的同时，电子竞技馆也承担起学院举办各类文艺表演和公共课堂的多种用途，这种学娱合用的模式也将成为学院开展电子竞技教育的典范。

互动体验馆。互动体验馆完全模拟了真实的商业应用场景，网咖、咖啡吧、实训基地融为一体,既丰富了学生日常的休闲社交娱乐,也为他们提供了社会实践的教学场景;通过开展校企合作,让学生不出校门就可以掌握大量社会实践的技能,以顺利走向社会,成为合格人才。

人流动线设计。狄鹿电子竞技馆是一个综合型的电子竞技馆,集展厅、赛馆、休闲娱乐于一体,在动线设计上,场馆充分考虑了不同顾客的需求,在空间分割上做到了不同业态的相对独立,不同业态均有独立的出入口,呈现出局部动线的回流性设计,同时又在各个业态之间设置了连通的出入口,保证了整个场馆的流通性和人员疏散的安全性,在宏观的空间动线设计上又体现了整体连贯性(图2-55)。

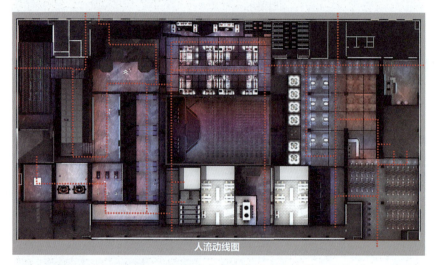

◆图 2-55 狄鹿电子竞技馆人流动线

门头设计采用了太空舱门式的异形结构,一座充满了未来感的科技馆正向顾客敞开大门(图2-56)。

◆图 2-56 狄鹿电子竞技馆入口门头

前台采用较为夸张的光带拉出不规则的线条,结合了鹿角造型的V形灯带,营造出神秘的空间氛围(图 2-57)。

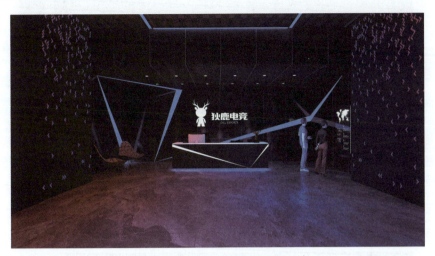

◆图 2-57　狄鹿电子竞技馆前台

展厅入口用两种不同颜色的光带设置排队等候区和入场区,合理引导观众等候(图 2-58)。

◆图 2-58　狄鹿电子竞技馆等候区

正对入口的墙上设计了一块巨型投影布,用 3D 影像投射了一个巨型狄尔的卡通形象,以此欢迎参观狄鹿电子竞技馆的贵宾(图 2-59)。

排队等候区的侧面设置了一块屏幕,制作了狄鹿电子竞技学院的宣传片,在等候入场的同时,顾客可以了解学院的详细介绍、办学宗旨和教育理念(图 2-60)。

展厅的第一个展区"竞典瞬间"的入口处制作了一把宝剑雕塑,寓意追随前辈之荣光,缔造时代之辉煌,激励年轻的电子竞技人砥砺前行、勇攀高峰(图 2-61)。

"竞典瞬间"展区讲述的是电子竞技从诞生到逐步壮大的历史,采用时空隧道的概念,用声光电技术和玻璃镜面空间的结合营造出时空交错的视觉效果(图 2-62)。

◆图 2-59　狄鹿电子竞技馆入口区

◆图 2-60　狄鹿电子竞技馆等候区侧面

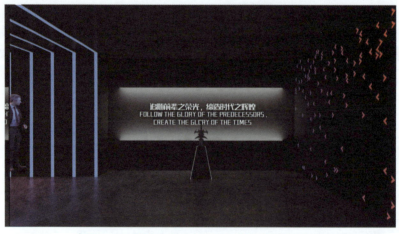

◆图 2-61　狄鹿电子竞技馆"竞典瞬间"展区入口

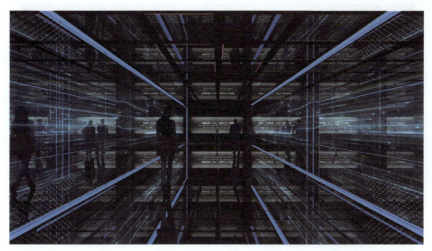

◆图 2-62　狄鹿电子竞技馆"竞典瞬间"时空隧道

展厅的第二个展区"电子竞技名人堂"采用全息投影技术制作了两个独立的展柜,用数字影像分别展示了世界电子竞技名人堂和中国电子竞技名人堂的诸位"大神"(图 2-63)。

◆图 2-63　狄鹿电子竞技馆"电子竞技名人堂"展区

用一个短片讲述每位名人的电子竞技辉煌史,通过影片让顾客充分感受到电子竞技巨星们艰辛的成长史,体会电子竞技人的拼搏精神和昂扬不灭的斗志(图 2-64)。

该展区设计了"天赋测试"大型互动体验装置组,分别从反应力、判断力、记忆力、五型人格这四个维度对体验者进行综合测评,以此检验其天赋指数(图 2-65)。

在体验完"天赋测试"后,"新竞界"展区通过三个创意短片展示电子竞技产业的种类,普及电子竞技教育的意义,告诉人们中国电子竞技产业有着美好的未来(图 2-66)。

观众在这个展区可以体验各种前沿的电子竞技产品,包括 VR 游戏、虚拟 F1 赛车、机器人格斗,感受电子竞技文化的新潮以及未来电子竞技的发展方向(图 2-67)。

该展区设有先进的 VR 模拟器,可以让顾客体验真实的虚拟世界(图 2-68)。

◆图 2-64 狄鹿电子竞技馆"电子竞技名人堂"全息投影

◆图 2-65 狄鹿电子竞技馆"如此竞彩"展区

◆图 2-66 狄鹿电子竞技馆"新竞界"展区(1)

◆图 2-67 狄鹿电子竞技馆"新竞界"展区(2)

◆图 2-68 狄鹿电子竞技馆"新竞界"展区 VR 模拟器

该展区还设有完全模拟真实 F1 赛车操控和环境的虚拟赛车模拟器,满足了玩家的所有想象(图 2-69)。

集酷炫、科技、潮玩于一体的机器人格斗是未来电子竞技重点发展的项目,也是我国培养大国工匠和创新型人才的摇篮,狄鹿电子竞技馆打造了华中地区首个工业电子竞技启蒙教育平台(图 2-70)。

跟随观众的脚步进入电子竞技馆区,会立刻感受到电子竞技赛场激情四射的氛围(图 2-71)。

主舞台的正上方是主 LED 屏,两边各有一块辅屏,下方是选手对战台,主舞台的下方还设置了一个副舞台,整个舞台以经典的蓝红色为主色调,结合可变色的舞台灯组营造出酷炫的视觉效果,舞台两侧悬挂着电子竞技元素的战旗,将血脉贲张的竞技场氛围渲染得极其浓烈(图 2-72)。

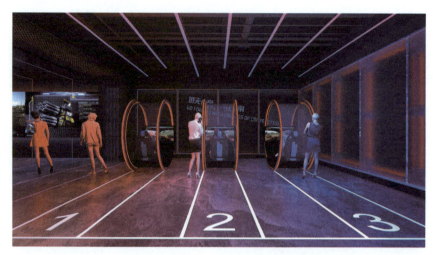

◆图 2-69　狄鹿电子竞技馆"新竞界"展区虚拟赛车模拟器（1）

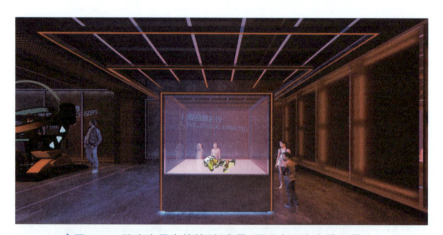

◆图 2-70　狄鹿电子竞技馆"新竞界"展区虚拟赛车模拟器（2）

◆图 2-71　狄鹿电子竞技赛馆入口

◆图 2-72 狄鹿电子竞技馆赛馆主舞台

观众席的后方设置了三层阶梯式看台,可以让后排的观众有更好的观赛体验(图 2-73)。

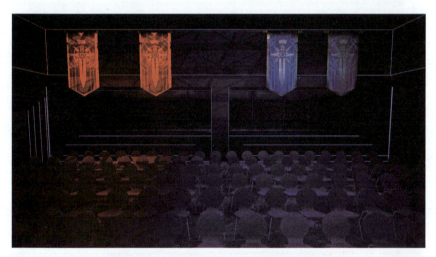

◆图 2-73 狄鹿电子竞技馆赛馆阶梯看台

狄鹿电子竞技馆为参赛的电子竞技选手准备了专门的入场通道,以保障赛事流畅、安全进行(图 2-74)。

一场精彩专业的电子竞技赛事少不了优秀的电子竞技解说,狄鹿电子竞技馆专门打造了解说间;在没有比赛的时间,这里也可作为解说专业的学生进行练习和实训的场所(图 2-75)。

电子竞技赛事也少不了精彩的歌舞表演,狄鹿电子竞技馆提供了专业的化妆间(图 2-76)。

狄鹿电子竞技馆为参赛选手设置了专门的休息区,以提供舒适的休息场所(图 2-77)。

选手休息室内设有舒适的沙发、高清电视和会议软件,用于比赛间歇的战术演练和复盘(图 2-78)。

◆图 2-74　狄鹿电子竞技馆选手通道

◆图 2-75　狄鹿电子竞技馆解说间

◆图 2-76　狄鹿电子竞技馆化妆间

◆图 2-77　狄鹿电子竞技馆选手休息区

◆图 2-78　狄鹿电子竞技馆选手休息区室内

　　狄鹿电子竞技馆为参加赛事的嘉宾提供了安静舒适的贵宾包厢,在包厢里就可以观赏到精彩的比赛(图 2-79)。

　　电子竞技馆运营团队的办公室采用了敞开式的办公空间设计,用明快鲜亮的色块分割区域(图 2-80)。

　　为了满足学生、家长和商务人士的需求,狄鹿电子竞技馆将互动体验区一分为二,为咨询业务的人士设置了专门的洽谈区(图 2-81)。

　　除了公共洽谈区,场馆还设有私密性较好的包间,可用于接待重要的商业客户(图 2-82)。

　　狄鹿电子竞技馆为顾客准备了种类丰富的周边产品,顾客不仅能欣赏到高水平的电子竞技赛事,也能买到自己心仪的周边产品(图 2-83)。

　　娱乐区基本按照网咖的标准配置,可以给学生提供休闲娱乐的游戏社交,平时也可用于承办小规模的第三方电子竞技赛事,同时给学生提供项目实训的宝贵机会(图 2-84)。

◆图 2-79 狄鹿电子竞技馆贵宾包厢

◆图 2-80 狄鹿电子竞技馆工作人员办公室

◆图 2-81 狄鹿电子竞技馆公共洽谈区

◆图 2-82　狄鹿电子竞技馆私人洽谈区

◆图 2-83　狄鹿电子竞技馆周边售卖区

◆图 2-84　狄鹿电子竞技馆吧台区

对战大厅采用了经典的暗灰系配色,黑白灰三色结合冷艳色做点缀,简约又不失精致(图 2-85)。

◆图 2-85　狄鹿电子竞技馆对战大厅

独立的电子竞技对战区适用于举办小型的电子竞技赛事,可谓"麻雀虽小,五脏俱全",平时可用于电子竞技专业的学生进行赛训实操和演练(图 2-86)。

◆图 2-86　狄鹿电子竞技馆对战区

对战区设置了专业的电子竞技舞台,模拟了真实的电子竞技赛事氛围,以感受职业选手对战的激情(图 2-87)。

电子竞技专业已逐渐进入国内各大专职院校和本科院校,成为当下热门的新型学科专业。为了更好地完成电子竞技专业的教学任务和实现人才就业,电子竞技实训馆的建设就显得尤为重要。和其他电子竞技场馆的商业化运营不同,电子竞技实训馆是一个模拟状态下的电子竞技馆,通过营造逼真的电子竞技赛训场景和商业服务场景为学生提供实操和实习。电子竞技专业的教材也和其他学科专业有着较大的不同,电子竞技专业的课程更为实际直接,完全与社会需求挂钩,市场需要何种技能的电子竞技人才,学校便会按需教学,与电子竞技企业开展深度的校企合作,由企业决定人才培养的方向,设计合理的课程并导入匹配的商业项目作为实训的检验成果。

狄鹿电子竞技馆极大地丰富了中国电子竞技场馆的种类和运营模式,为校企合作办学、开设电子竞技专业提供了一个可供学习借鉴的案例,为中国电子竞技场馆运营提供了又一个完美的"标本"。

◆图 2-87　狄鹿电子竞技馆对战区舞台

第 3 章

电子竞技场馆运营

3.1 电子竞技场馆运营的概念

运营是指对运营过程的计划、组织、实施和控制,是与产品生产和服务创造密切相关的各项管理工作的总称。电子竞技场馆运营方在运营服务的过程中应满足以下基本要求:按有关规定在工商、税务、文化、公安、消防等行政主管部门办理注册、登记、审核等手续;建立优质高效、统一规范的运营服务模式;制定日常工作管理、各类专项业务工作管理制度;加强各类服务信息的公开工作;根据实际情况不断创新服务和管理模式,提升服务质量。

3.1.1 电子竞技场馆的运营要素

1. 电子竞技场馆运营组织要素

运营组织是开展运营管理活动的主体,组织内部一般由以下要素组成:
- 人,组织活动的重要推动者和执行者;
- 物资和技术,实现管理目标的手段和前提条件;
- 机构,管理部门的内部组织管理方式;
- 信息,开展管理活动的媒介条件;
- 目的,引导管理活动有条不紊地开展的重要基础。

另外,组织外部影响因素主要有政策、法律、经费、原材料、市场、社会和个人等。

综合电子竞技场馆的内外环境和条件,电子竞技场馆的经营管理由以下要素组成。

① 人。电子竞技场馆主管部门负责人是场馆经营主体,普通工作人员是场馆经营主体和客体。

② 财。指经费,它是电子竞技场馆经营管理的必要条件,没有稳定的资金供应和保障,任何经营管理活动都无从开展,电子竞技场馆经营资金的来源渠道十分多样,可以是政府财政,也可以是社会资本。

③ 物。指电子竞技场馆的实物资源,例如器材、场地、配套设施等。

④ 电子竞技产品。主要是指各类电子竞技场馆服务,例如电子竞技项目、电子竞技精神产品等,是开展电子竞技场馆经营的主要服务内容。

⑤ 外部环境。电子竞技场馆的外部环境主要可以分为直接环境和间接环境两种。前者是指电子竞技市场竞争对手、消费者、行业政策和法律法规等；后者是指政治环境、文化环境、经济环境和技术环境等。

2. 电子竞技场馆运营要素

（1）明确市场的经营理念，提升品牌内涵

电子竞技场馆的经营者要以市场为导向，遵循市场经济规律，明确场馆战略定位和市场定位，明晰客户群体，细分消费市场，把握其需求和价值，据此开发出适合市场需求的电子竞技服务产业链。

（2）确立多元化的开发经营模式

可以开展媒体广告、房屋租赁、互动娱乐、连锁餐饮等多种业务，使场馆资源的利用率得到实际有效的发挥。从实现本地特色化入手，使场馆的电子竞技服务内容与产品线的设计紧紧围绕着发展电子竞技场馆的产业相关产品展开，打造新的开发模式，增加电子竞技场馆的产业服务内容，逐渐形成以泛娱乐产品为主，以大众休闲娱乐服务、全民参与型消费、电子竞技专项培训为辅，以电子竞技衍生产品、体育大健康产品、游戏、媒体广告、动漫、场地租赁、虚拟现实等为衍生产品的多层次、多元化的开发模式。

（3）不断创新营销策略，走特色化、差异化的产品路线

电子竞技场馆的差异化经营要求其突破传统的营销观念，不断创新营销方法和手段，积极开展如会员制营销、体验营销、关系营销、文化营销、服务营销、主题营销等新兴营销方式，灵活运用各种营销技巧，达到最佳的营销效果。同时，由于电子竞技场馆面向的是大众公共群体，其需求存在复杂的多样性，因此差异化的价格和服务策略往往是制胜的法宝。

因此，泛娱乐服务综合体是未来电子竞技场馆业态发展的主要趋势，从而将泛娱乐元素融入人们生活，改变单一业态发展方式，与其他业态融合发展，形成共生机制和共享红利。

3. 电子竞技场馆运营基础

作为高光加身的电子竞技产业的线下场馆，电子竞技馆逐渐走入人们娱乐消费的视野，吸引着电子竞技爱好者前来消费。电子竞技馆模式多样，功能齐全，客户群体可谓"好看的皮囊千篇一律，有趣的灵魂万里挑一"。而一家出色的电子竞技馆不仅要有好看的"皮囊"，还要有有趣的"灵魂"。

（1）完善的硬件

经营一家电子竞技馆首先要考虑这个场馆是为谁所用以及怎么用的问题。既能举办各种类型和规模的电子竞技赛事，又能让爱好者前来交流切磋，还能作为一个平台让游戏开发商在此进行游戏测试和发布，成为电子竞技教育的实训中心等。因为有不同的模式功能，所以电子竞技馆就需要划分成不同的功能区。作为"主角"的电子竞技设备必须是完善的，对于电子发烧友来说，"不怕输就怕 low"，这也让他们更习惯于在网络世界中观看赛事，而不一定习惯来到现场观看。除了必备的高密度 Wi-Fi，包括全息摄影在内的一

系列多媒体技术都可以为现场观众带来沉浸式的观赛体验。随着5G、AI以及云智能技术的发展普及,电子竞技馆应将在技术上可能出现的全息摄影、VR和AR可穿戴设备和响应式座椅等投入电子竞技馆的硬件建设中。

(2)"好看的皮囊"

电子竞技馆的开设应主要对场馆的目标群体——电子竞技爱好者进行画像。世界各地的电子竞技爱好者都具有一个共性:热衷于各种新潮文化的年轻人。他们在数字化的网络世界中长大,也就是人们常说的"数字原住民"。那么,电子竞技馆的装修风格就需要经营者用心设计,或酷炫,或科技感十足。

(3)"有趣的灵魂"

像《俄罗斯方块》游戏一样,合群即消失,拥有特色理念才是王道。除了日常电子竞技馆经营之外,创新才能不被遗忘和淘汰。经营者可以举办小型赛事或玩家游戏角色cosplay展,调动固定用户的积极性,吸引潜在用户。可以划分区域为赞助商开辟更多的空间,以供他们开展更丰富的赞助活动,在丰富观众体验的同时,也能充分实现赞助回报。

(4)品质服务

电子竞技赛事的特点是单一盈利能力较弱,所以要把电子竞技场馆融入其周边的社区和商圈之中,成为一个商业闭环,这样有利于保证场馆的人流量,从而得到更多的经营收入。服务要周到热情,站在消费者角度考虑问题。打个比方,大家在观赛的时候都会激情澎湃,如果条件允许,可以为赛事观众设计一片游戏区域,让他们可以在观赛间隙打打游戏,缓解他们的"一时技痒"以及等待时的无聊感。

3.1.2 电子竞技场馆的运营目的

电子竞技场馆是电子竞技事业赖以生存和发展的基础设施,是电子竞技、群众活动和产业发展的重要物质保障,是构建社会体育公共服务体系、满足人民群众日益增长的体育文化需求的主要载体和物质基础。电子竞技场馆主要承载了大众休闲娱乐、竞技比赛、人才培训等诸多的社会功能,对满足人民群众多元化的体育需求、提高电子竞技事业发展水平发挥了重要的基础作用。在新的历史时期,电子竞技场馆作为现代服务业的重要组成部分,对拉动内需,扩大服务性消费以及转变经济发展方式,加快经济结构调整和保障国民经济持续、健康、稳定发展具有积极的促进作用。

经营与管理电子竞技场馆的根本目的是要按照电子竞技事业的发展目标和总体任务确保场馆服务效益的最大化,其主要任务是要充分开发和有效利用资源,满足人民群众日益增长的体育多样化需求,促进电子竞技事业发展和国民身心健康,推动国民经济和社会发展,为全面建设小康社会和构建社会主义和谐社会服务。科学的经营与管理既是实现电子竞技场馆目的的有效途径,也是实现电子竞技场馆任务的切实保障。科学高效的经营与管理活动对内可以有效整合电子竞技场馆资源,对外可以有效扩大电子竞技场馆的社会服务内容和服务范围,从而在满足人民群众日益增长的体育多样化需求的同时,提高电子竞技场馆的社会效益和经济效益。

3.1.3 电子竞技场馆的运营原则

1. 创新性原则

创新是指通过引入新概念、新思想、新方法、新技术等,或对已有产品的革新创造具有一定社会价值的事物或形式。

创新性原则是权变管理原理最有效的体现。电子竞技场馆要想创新,只有完成了技术创新、管理技术创新和商业模式创新,才能提高核心竞争力。更多的管理机制的改革是所有创新的基础,同时管理模式的创新是场馆运营最高层级的创新。场馆首先是技术创新,然后是商业模式创新,最后是管理技术创新,这样,场馆运营的核心竞争力才能逐步提升。只有核心竞争力提升了,场馆运营才能做得更好。

2. 系统性原则

系统性是指一个层次分明的整体,其不同维度的指标处于不同层级,形成了一定的秩序,同层级指标之间、指标层与指标层之间具有清晰的逻辑关系。在整个体系中,单个指标能反映评价对象发展的某个侧面,而指标的综合又能反映整体情况。

在信息化时代,电子竞技场馆的运营理念正在不断更新,既要兼顾赛事、运营、人员、设备、能源等部件,也要有效连接赛事、培训、商业配套等业态。如此多的元素交织在一起,就需要一个强有力的管理系统,从各种角度、层次揭示人们的心理活动规律性,从而得出全面正确的结论,科学地指导管理运营活动。

3. 科学管理原则

科学管理法的创始人是弗里·温斯洛·泰勒。现代经管教育把科学管理概括为:科学,而不是单凭经验办事;和谐,而不是合作;合作,而不是个人主义;用最大限度的产出取代有限的产出,每个人都发挥最大的工作效率,获得最大的成功,用高效率的生产方式代替低成本的生产方式,以加强劳动力成本控制。

场馆运营科学管理原则主要有以下四点。

① 对员工劳动的每种要素规定一种科学的方法,代替陈旧的凭经验管理的方法。
② 科学地挑选员工,然后进行训练、教育,发展他们的技能。
③ 与员工合作,保证所有工作都能按已发展起来的科学原则进行。
④ 在管理和员工之间,工作的分配和责任的分担几乎是均等的,管理者应把自己比员工更胜任的各种工作都承担下来。

4. 社会效益与经济效益原则

效益是管理的根本目标,管理是对最佳管理效益的不断追求。电子竞技馆要把提高效益摆在管理工作的中心地位,要正确处理效益的内在矛盾,实现经济增长方式的根本转变,这样才能实现最佳的社会效益,又争取最佳的经济效益。

3.1.4　电子竞技场馆的运营手段

电子竞技场馆的运营手段是指为完成运营任务、达到预定目标而使用的一定技巧,主要包括运营管理的手段、运营变现的手段。

1. 电子竞技场馆运营管理的手段

运营管理的主要手段有:JIT 管理、服务流程图、甘特图、关键路径分析、精细化管理、服务外包等。其中,JIT 管理又包括目视化管理、品质管理、安全管理、成本管理和人才培养管理五大内容。

2. 电子竞技场馆运营变现的手段

运营变现的主要手段有:专用场地及附属用房租赁收入,参观场地及各类赛事活动门票,俱乐部会员费,各类活动商务开发的赞助,除活动赞助费外的广告收入,设备租赁费用,体育培训费用,餐饮、住宿、用品销售等商业活动收入,活动策划组织实施的服务收入等。

总之,电子竞技场馆的运营主要应该避免投资主体和功能单一、经营方式单一、综合利用率低、资源闲置和浪费严重、经营不善等问题。针对这些问题,应重视场馆的综合开发利用。例如,结合土地和商业设施综合开发利用,实行多业并举的方针,为场馆的运营建立自我发展的条件;采取招投标方式选择经营者,或采用承包、租借经营等方式减轻资金不足的压力;实行所有权和经营权分离,建立现代企业管理制度;充分发挥市场在配置资源中的基础作用。

3.1.5　电子竞技场馆的运营方式

1. 常见的运营方式

电子竞技场馆和传统体育场馆一样,有各种各样的经营方式,例如直接经营制、承包经营制、合作经营制、委托经营制等。

① 直接经营制。指电子竞技场馆的经营管理人员直接进行场馆的日常经营管理活动,最大化地实现经营效益,同时有效避免和减缓很多经营程序中的矛盾,是培养经营管理人才的最主要和有效的途径。必须认识到,直接经营制需要很多的流动资金和启动资金,这是经营管理者面临的重要难题,而且对经营管理者的要求也非常高,如果经营者管理经验不足将会直接导致场馆经营失败。

② 承包经营制。指通过协商或者招标的形式进行承包,主要包括整体承包和分割承包。整体承包是指电子竞技场馆寻找具有雄厚经济实力的承包者,整体承包后按年收取承包费用。分割承包是指根据场馆中不同的设施、休闲娱乐项目进行分割,承包给不同的经营者。承包经营利弊参半,有利之处在于能够让经营者比较轻松地挣得稳定收入;不利之处在于场馆的管理者无法对承包者的经营行为进行监督和规范,如果承包方有违法行为,场馆的经营管理者也难辞其咎;此外,若承包者和场馆经营者之间产生矛盾也不容易

处理,毕竟合同或者协议不能穷尽一切可能发生的变故,随时可能有意外发生。

③ 合作经营制。指场馆以固定资产作为投资,其他投资者以现金、设备、经营管理作为资产,实现共同经营。该经营方式的主要特点是可以弥补经营中资金缺乏、管理能力不足的缺陷,达到利益共享、风险共担的经营机制。合作经营制对电子竞技场馆与合作者来说,最重要的就是做到共享,如果一方贪图一己私利,往往就会导致合作关系的破裂,这也是很多合作经营失败的原因,对此有必要建立监督机制。

④ 委托经营制。也叫作"托管模式",是当前普遍采用的一种经营管理类型,比较适用于专业性较强的电子竞技场馆的管理与经营。

2. 常见的盈利模式

① 会员制运营。由电子竞技场馆发起并在其管理运作下,吸引客户自愿加入,进行不同等级会员卡的销售,发放活动参与权、社交优先权等。利用会员制度定期与会员联系,为他们提供具有较高感知价值的利益包,从而拥有更稳定的顾客群体。每天前来光顾的人比较多,收入自然就会更有保障。一般地,会员还能享受折扣、活动和优惠等。

② 各类活动策划。这里主要是指赛事组织、节日活动、团建包场等聚会及社交场景的搭建。通过策划和组织赛事、节日活动等项目赚取一部分收益,喜欢电子竞技的人们对这些活动都是非常感兴趣的,既能吸引用户光顾,又能灵活运用闲时场地。

③ 电子竞技陪练。一种是带新人——大部分新人对电子竞技不是很熟悉,缺乏一些技巧和方法,电子竞技场馆可以利用健身房模式组织游戏高段位兼职人员对有需求的顾客进行陪练服务,这也是比较常见的盈利模式;另一种是聘请电子竞技陪练师进行专业化的电子竞技项目陪练活动,参与电子竞技选手的赛事训练和日常教学并给予指导等。

④ 租赁售卖。在开电子竞技馆的同时,可以将电子竞技设备放在门口或指定区域,从而为顾客提供租赁或销售服务,例如游戏外设(手柄、触屏、一体机等专业外设)、游戏周边产品的售卖。

⑤ 餐饮美食。提供美食与饮品,将水吧与休闲区完美结合,将消费直接变现。电子竞技馆在提供电子竞技服务的同时,也可以向多元化的方向发展,为顾客提供美食、饮品及小吃等,开设休闲场所供顾客交流小憩,这也是一笔不菲的收入。

3. 常见会员制运营简介

目前,会员制是比较流行的直接经营形式,主要用于较高档的各类场馆。会员制要求场馆具备较高的品位,以吸引消费者成为会员,对自身和客户源的要求都较高。具体来说,不同场馆的自身条件不同,因此会员制的具体实施细节也会有一定的差别,主要体现在收费方式和服务管理方面,会员通过缴费可随时进行娱乐休闲而免交费用(或享受优惠),场馆也可提供相关的其他收费或免费服务。

就经营管理优势来讲,电子竞技场馆的会员制的主要优点是可以在较短的时间内筹集大量资金,场馆只要维持稳定的客户源,收入就是稳定的,也会让日常管理工作变得相对轻松,减小了员工的工作压力。同时,场馆还可以充分利用客源稳定的特点进行有针对性的服务，同时为发展会员做了广告，创造了广告效应。

由于会员制适用于高档和大型场馆，因此会员制面临着巨大的先行资金投入的问题，如果没有足够的会员加入，对于一些投资大的高档场馆来说，就会产生很大的财政赤字，甚至让投资者血本无归。另外，会员制的适用范围较为狭窄，如果是具有社会服务性质的公益场馆，就不适合采取这种经营管理类型。

会员制是一种人与人或组织与组织之间进行沟通的媒介，它由某个组织发起并在该组织的管理运作下吸引客户自愿加入，目的是通过与会员建立富有感情的关系而不断激发并提高他们的忠诚度。加入会员制组织的客户称为会员，会员制组织与会员之间的关系通过会员卡体现，会员卡是会员进行消费时享受优惠政策或特殊待遇的"身份证"。会员制的组成包括会员标识、记录工具和会员福利，传统的实现媒介有贵宾卡、账本、折扣等，改进后的工具有磁条卡（芯片卡）、电子管理软件和会员待遇等。

不管是什么类别的会员，商家都希望会员能成为他们的固定客户，因此会为会员提供更优惠的价格和更好的服务。根据形式的不同，会员制可分为以下四种类型。

公司制。消费者不以个人名义而是以公司名义入会，会员制组织向入会公司收取一定数额的年费。这种会员卡适合入会公司的内部雇员使用。在美国，日常支付普遍采用支票，很少用现金支付，故时常出现透支现象，所以实际上，公司会员制是入会公司对持卡购买人的一种信用担保。

终身制。消费者一次性向会员制组织交纳一定数额的会费，便可以成为终身会员，永远不需要再续费，即可长期享受一定的购物优惠和一些特殊的服务项目。

普通制。消费者无须交纳会费或年费，只需要在商店中一次性消费足够的数额即可申请到会员卡，此后便可以享受该店的价格优惠和一些免费的服务项目。

信用卡制。适用于大型高档场所。消费者在申请会员制组织的信用卡并成为会员后，购物时只须出示信用卡，便可享受分期支付货款或购物后 15～30 天内现金免息付款的优惠；有的还可以享受一定的折扣。

会员制营销方式是商家普遍采用的营销手段。电子竞技场馆要运用好会员制这一营销方式，必须制定会员制营销方案。会员制营销方案的制定要从以下几个方面着手。

（1）根据场馆的品牌定位和战略定位制定科学的会员体系

目前的电子竞技市场日趋成熟，各大资本纷纷入场布局，竞争日益激烈，电子竞技场馆的竞争策略应由传统体育场馆的价格战和广告战转换为服务战、增值战，会员制营销就是最好的体现；通过会员平台创造与顾客联系、沟通、参与、软性宣传等机会，让顾客养成品牌习惯和依赖，进而产生品牌归属感。

会员卡的销售是一个全面、综合的营销活动，事先必须有一个清晰的目标、所能提供的服务项目和费用预算。必须清楚地认识到，消费者因一时被打动而加入会员组织后，把会员卡往钱夹里一塞就了事绝对是会员卡销售的失败。会员的加入仅仅是一个开始，能否让会员投身进来主动参与、关心才是根本。这就要求电子竞技场馆具有全面科学、量体裁衣、独特新奇的会员体系和增值服务；将会员卡销售纳入场馆整体营销战略之中，无论是会员招募、会员管理还是促销宣传、联谊活动等方面，每一项活动之初，场馆都应做充分的预算和规划，设计一套完整全面的营销方案。

（2）增值服务连续性

之所以进行会员制，就是要用这个平台提供与顾客重复见面和沟通的机会，让品牌不断在他们心中加深记忆，让他们对活动和品牌产生习惯和依赖。所以常规的活动项目和举办时间应该是固定的，并提前告知会员，让会员能感受到全年丰富的增值活动，提前感受收获感，增强期望值和忠诚度。

（3）完善的 CRM 体系

CRM 即客户关系管理体系，建立完善的 CRM 体系是企业顾客管理、个性化服务、营销设计的关键。场馆需要建立详细的会员信息库，包括消费者性别、年龄、职业、月平均收入、性格偏好、受教育程度、居住范围等，还要包括消费记录信息，并且将会员此次消费商品的品牌、型号、价格、数量、消费时间等信息都记录下来，为企业以后的增值服务提供可靠的信息。同时，这些数据库信息也是场馆进行广告策划、营销策划、客户分析的关键依据。

青年人是电子竞技场馆经营与服务的消费主体，他们具有独立的购买能力和较大的购买潜力，同时，他们的需求对场馆内部结构的调整或变化也有着重要的影响。根据这一显著的市场特征，引导青年会员心理的关键是了解和掌握他们的消费心理特征。

① 时尚消费的心理。参加电子竞技场馆活动是青年人的典型消费心理特征之一，他们热情奔放、感觉敏锐、思维活跃、内心丰富、富有幻想，也追求时尚、新颖有趣的感受，希望通过参加电子竞技活动感受潮流的发展和时代的精神。因此，青年人往往是电子竞技场馆消费行为的追求者、尝试者和推广者。

② 情感消费的心理。青年人参加电子竞技活动，对场馆的选择往往是情感因素占主要地位，这与青年人的思想情感、兴趣爱好、性格特征还不完全稳定有关。因此，场馆工作人员在市场促销及刺激青年人消费欲的时候，要把握这一鲜明的心理特征，以青年人为促销对象，在服务技能、服务效益、品牌效益及自身形象等方面都应注意直觉效果，以满足青年人消费的心理需要。

③ 效果消费的心理。青年人的消费在追求时尚的同时，往往与效果紧密地联系在一起，这与青年人的消费倾向从不稳定向稳定过渡相关，他们对电子竞技活动的消费追求一般有两个特点：一是能反映时代的潮流与周边的氛围；二是通过消费表现自我成熟和个性的特征。各种因素综合刺激青年人的消费动机，决定其购买行为，表现了青年人消费趋于实际效果的消费心理。

（4）选择正确的餐饮品牌和规模

从网咖里的电子竞技爱好者叫外卖、吃方便食品的盛况就能看出餐饮对电子竞技场馆的重要性，餐饮已经成为场馆的重要组成部分，如果没有餐饮的加入，场馆经营起来也会有更多的困难。因此，应综合考虑餐厅的档次、消费人群定位、场馆人流量、场馆运作能力等因素，选择合适的餐饮品牌和规模。

场馆运作能力非常重要，成功场馆的背后一定有规范的管理团队，且运营能力强。严格落实系统管理、招商合理、与品牌签订排他协议、操作规范，就不会出现同场馆内有多个同类品牌的错误。

3.2 电子竞技场馆的租赁业务

租借经营是一种经营形式,是指场馆的所有者与经营者通过订立合同而实现企业经营管理权的转移。租借经营的内容不单是场馆中的固定资产,还包括场馆生产资料的占有、使用和收益权,以及对职工的管理指挥权。出租者有义务把场馆交给承租人占有、使用和收益,同时有权规定场馆的经营方向和目标。承租者作为场馆的经营者,享有对场馆的经营管理权,有义务按出租者规定的经营方向和目标完成场馆的各项经济技术指标,并对场馆的经营管理承担全部责任。承租者不仅要向出租者交纳租金,而且要承担财政上缴或税收任务。

大型活动的场地租借经营是指电子竞技场馆通过与活动主办方订立合同并交由活动主办方使用,活动主办方作为场馆合同租用期的使用者享有对场馆承租期间的使用权,并且有责任和义务按场馆规定的要求完成各项内容,并对订立合同的该次活动承担责任,活动主办方不仅要向电子竞技场馆交纳租金,而且要承担财政上缴或税收任务。

设置大型活动项目的主要影响因素有市场因素、自身场馆因素、效益因素这三个方面。

市场因素是设置大型活动项目的主要影响因素。电子竞技场馆为了自身的生存,在活动项目的设置上就要以市场为导向,选择消费者喜爱的活动作为租借的对象。

电子竞技场馆在承接大型活动项目时,也要依据场馆的自身特点进行选择。例如忠县三峡港湾电子竞技馆的特点是座位多、场馆新、设施先进,那么它就可以承接一些大型的演唱会、音乐节和赛事等。

效益因素主要是指承接大型活动时要考虑的社会效益和经济效益。社会效益指电子竞技场馆通过承接大型活动所取得的社会影响力,而经济效益指所取得的经济收入。

活动项目的设置类型包括赛事、演出、会议、展览和其他活动。

中国电子竞技赛事行业近年来的发展有目共睹,国内举行的电子竞技赛事无论是数量还是规模、规格都呈上升趋势。伽马数据发布的《2018电子竞技产业报告(赛事篇)》显示,中国电子竞技产业依然处于高速发展期,电子竞技赛事的市场规模达到10.6亿元,未来拥有百亿元市场空间。单个赛事的影响力可媲美传统体育赛事,以刚刚结束的《英雄联盟》季中赛为例,该赛事在社交媒体表现、视频播放情况、观众规模三方面的表现均接近NBA。传统体育方面,全国运动会、城市运动会、CBA联赛、各单项锦标赛等稳步发展,国外赛事(如F1、NBA季前赛、上海网球大师杯、中国网球公开赛等)加速引进,大型国际性综合运动会(如2008年北京奥运会、2010年广州亚运会等)使中国赛事行业在多层次、多区域呈现出生机盎然、充满活力的发展态势。包括电子竞技赛事在内,大型赛事的特点之一是对场地要求的专业、高水准。

随着生活水平的提高,人们越来越需要精神上的满足,因此,各种演出就备受消费者的喜爱。电子竞技场馆可以承接的演出包括个人演唱会、大型文艺表演等。

随着经济全球化、贸易自由化和信息网络化趋势的日益形成,会议业也呈现蒸蒸日上的局面。会议经济正成为一个能够带动区域经济发展、辐射能力强的经济形态,各大城市在认识到会议经济的这一特性后,也纷纷把发展会议经济的工作列为区域经济发展的重点和亮点。由于会议是在固定的时空中进行的商业会议活动,因此会议的空间就是会场,而电子竞技场馆正好可以为此提供会场。

展览是指通过实物并辅以文字、图形或示范性的表演展现社会组织成果,以提高组织形象、促进产品销售的专题活动。展览展销会有大量的公共关系内容,是各社会组织塑造最佳形象的好机会。

展览展销是一种十分直观、形象生动的复合型传播方式。展览展销会可以为社会组织和公众提供直接沟通的机会,它可以同时用产品说明书、宣传手册、活页广告等文字媒介,照片、幻灯片、录像片及电影等音像媒介,讲解、交谈和现场广播等声音媒介,现场表演、示范等动作语言媒介以及实物媒介等多种形式进行全方位的宣传。

对于公众来讲,可以通过触摸、使用、品尝或其他方式对展览商品加以检验,能形成较完整的感性认识;同时,由于展览展销会集中了许多行业的不同产品,而且价格也较优惠,可以为公众节约大量的时间和费用,因此很多人都比较喜欢这种形式,新闻媒介也常对其进行追踪报道。举办展览会的展览中心应具有以下特点:建筑规模宏大、展览设施齐全、设施功能多样。而一般大型的电子竞技场馆均具有上述特点。

根据活动及电子竞技场馆的特点,电子竞技场馆还会承接一些其他活动,如家庭活动、社会集会、产品发布会、公司活动等。

3.2.1 场馆电子竞技赛事的租借

电子竞技赛事是电子竞技场馆主体业务的核心,也是电子竞技场馆最常见的主营项目。一个电子竞技场馆是否出名,一个很重要的评判标准在于是否能承办高水平的电子竞技赛事,而电子竞技场馆赛事的业务主要分为两种,一是电子竞技赛事项目的引入,二是场馆电子竞技赛事的租借业务,即出租场馆给承办电子竞技赛事的主办方,并根据承办方的需求提供相应的软硬件配套设施及后勤等服务。

场馆电子竞技赛事租借有以下几类。

1. 赛事场地租赁

场馆业主方按照合同约定将比赛场地租借给承办方使用,并收取一定的场地租赁费用,业主方为承办方提供场地及相关配套设施和比赛条件,保障承办方能够正常进行比赛。业主方在场地租赁期间指派专人负责与承办方对接,解决现场赛事规划及临时发生的问题。

2. 赛事设备租赁

将电子竞技场馆内的各项电子设备及物料出租给赛事承办方并用于场馆以外的第三方场地,按照合同约定收取一定的租借费用,例如出租电脑、电子竞技椅、LED屏、灯光音响等电子竞技赛事专用设备。

3. 场馆赛事人员租赁

电子竞技场馆的人员租赁根据项目类型又可分为以下两种。

(1) 在本场馆内承办的第三方赛事服务人员租赁

大型的电子竞技场馆通常拥有比较专业的赛事运营团队,为了提升场馆租赁业务的质量,通常业主方会将场地和服务人员整合,以一个相对划算的整体打包价一同出租给承办方。该方式的好处是帮助承办方减轻了额外的人员雇佣成本,也避免了外部人员因不熟悉场馆的设备而在使用过程中产生的各类意外事件,有效地节省了赛事承办过程中的沟通成本,提高了容错率;场馆本身的运营团队也增强了项目实操的经验,为后续提供更加优质的服务打下了扎实的基础。

在这方面拥有丰富经验的是上海666号电子竞技馆(图3-1),666号电子竞技馆坐落在上海市静安区体育中心。凭借2017年年初开启的LSPL春季赛,666号电子竞技馆开启了自己的首秀。区别于其他普通电子竞技馆,666号电子竞技馆承载的首项赛事便是腾讯旗下级别最高的《英雄联盟》赛事,其专业程度不言而喻。它的定位基于电子竞技文化的泛娱乐中心,接入职业俱乐部、游戏相关内容制作等资源,在经过半年的试营业后,这所占地2100平方米的电子竞技馆有了自己的一席之地,甚至一度成为窥探线下电子竞技娱乐业态的新坐标(图3-2)。

◆ 图3-1 上海666号电子竞技馆内场(1)

◆ 图3-2 上海666电子竞技馆内场(2)

666号电子竞技馆是泛文化娱乐体验中心,也是玩家线下体验馆,不仅可以举办联赛、杯赛等中小型职业赛事,而且还有一个专业的内容团队,从前期策划编导到制作转直播,为客户提供一条龙的服务。同时,666号电子竞技馆也是一个具有青春、科技元素的时尚秀场,可以承办音乐会、商务发布、企业团建活动。针对不同领域所展现的不同功能,将使666号电子竞技馆不断产出全新的泛文娱内容,诞生出一系列全新的IP,拥有满足不同领域需求的复合型功能,并不断产出全新泛文娱内容。

(2)电子竞技场馆租用第三方赛事服务人员

一支优秀的电子竞技赛事运营团队包含导演、灯光、舞美、音响、摄影摄像、导播、网络维护、美术、主持解说等专业服务人员。而这些优秀的专业人员并不是到处可见,往往只集中在少数的头部电子竞技企业中,而绝大部分的电子竞技场馆运营方缺乏这类专业人员,因此常常会看到一支优秀的赛事执行团队频繁地奔波于全国各个电子竞技场馆为赛事运营方提供赛事执行服务。

全国目前最为专业的电子竞技赛事运营团队毫无疑问是VSPN。VSPN成立于2016年,以电子竞技赛事和泛娱乐内容制作运营为核心,提供电子竞技商业化、电子竞技电视、电子竞技综合体、VSPN+等综合服务,致力于构建全球可持续发展的电子竞技生态圈,为全球电子竞技爱好者提供全新的电子竞技文化体验和生活方式,并陆续在全球核心城市的核心地段投建电子竞技场馆,为全球电子竞技运动爱好者带来从线上到线下的全方位顶级赛事体验。围绕未来电子竞技年轻人的生活方式和场景,为用户、品牌、行业、城市创造极致、前端、丰富多维的电子竞技生态,向全球输出中国电子竞技的标准和文化(图3-3)。

◆ 图3-3 上海静安量子光专业内容输出中心

在全国各地承办的大型官方电子竞技赛事中,基本都能见到VSPN的赛事运营团队,他们活跃在各个电子竞技场馆,为广大电子竞技玩家带来一场又一场制作精美、场面宏大的电子竞技赛事盛宴,将中国电子竞技人的风采传播到世界各地(图3-4)。

◆图 3-4　著名的 VSPN 4K 高清转播车

3.2.2　活动场地租借价格

活动场地租借价格的制定应主要考虑以下几方面。

① 场馆自身特点。场馆的自身特点会制约大型活动场地租借价格的制定。例如有的大型场馆的座位多、场馆新、设施先进,这就会提升它的场地租借价格。

② 市场因素。包括市场接受能力和市场竞争因素。如果该地区的消费者接受能力强,则价格高;消费者接受能力弱,则价格低;同样,如果同类型的场馆租借市场竞争激烈,则租借价格低;反之,则租借价格高。

③ 大型活动的特点。场地租借价格也要依据活动自身的特点制定。活动的规模大、时间长、要求高,价格也相应要高。即使是同一活动,由于举办届数不同,价格也会不同。例如在广州体育馆举办的羽毛球赛,第一届只举办了三天,而第二届则举办了五天,比赛时间长,规模大,因此相应的场馆租借价格也要高一些。

此外值得注意的是,对于政府类的活动项目,要区别于其他一般商业活动,不能完全按照以上因素定价。这是因为政府类的活动项目的价格受政府项目预算的影响较大。

总之,大型活动场地租借价格的制定不是固定的,应依据活动的特点、要求、目的、活动对象灵活制定。

3.2.3　活动场地租借的推广

推广活动从理论上讲是一个业务战略过程,它是指制定、优化、执行并评价协调的、可测度的、有说服力的商业传播活动计划,这些活动的受众包括消费者、顾客、潜在顾客、内部和外部受众及其他目标。租借招商推广简单来说就是指为了达到预期的租借招商目标而制定的相关广告、推广方案以及具体的实施计划。在租借推广之前,就要仔细分析自身场馆的特点,明确自身场馆适合做什么。同时,要分析自己的目标顾客群是谁,制定相应的场地租借推广计划。大型活动场地租借推广具体包括以下几方面。

明确推广背景;确定推广思路;把握推广的节奏及不同阶段的特点;确定推广实施细

则;进行公关活动;辅助推广产品的制作,包括软广告、硬广告及户外广告等;推广执行及预算;推广活动后期监控及调整等。

大型活动场地租借的推广对于电子竞技场馆的发展至关重要。场馆对场地的推广对象主要有以下三部分。

① 与政府部门公关。如今,很多赛事或大型活动的主办方都是政府部门,那么这些活动在哪里举行,主办方具有决定权,因此体育场馆要与政府部门进行公关。

② 商业活动主办单位沟通。现在的电子竞技场馆可以举办很多具有商业性质的大型活动,这就要求场馆的相关负责人还要经常与商业活动的主办单位进行沟通。

③ 通过群众宣传。群众的口碑效应是非常巨大的,因此电子竞技场馆场地的租借也可以通过在此参加过活动的群众进行口碑宣传。

3.2.4 场馆租借合同

(1) 租借合同的概念

租借合同是指出租人将租借物交付承租人使用、收益,承租人支付租金的合同。租借合同中提供物的一方是出租人,使用物的一方是承租人,双方约定交付承租人使用的物是租借物,承租人使用出租物的代价是租金,出租人和承租人是租借合同的双方当事人。

(2) 租借合同的主要内容

租借合同的主要内容包括租借物的名称、租赁物的数量和质量、租借物的用途、租借期限、租金、押金或保证金、租借物的维修等。

① 租借物的名称。这是租借合同的首要条款,没有租借物,租借合同就不可能存在,如果名称规定得不详细、不具体,则容易导致双方产生误解,因此,当事人在合同中必须详细、具体地规定租借物的名称,有的要注明编号、商标、型号、规格、等级等。

② 租借物的数量和质量。租借物的数量要精确规定,不能含糊不清。对租借物的质量标准也必须规定清楚,这是确保承租人得以正常使用租借物的关键。对于电子竞技场馆的物业租借合同,则要规定清楚物业的地址、面积以及物业内部所有物及其附属设施。

③ 租借物的用途。在合同中规定租借物的用途是租借合同的基本要求,写明租借物的用途是为了使承租人能按照租借物的性能正确、合理地加以使用,避免由于使用不当而使租借物受到损失。

④ 租借期限。租借期限是合同的主要条款之一。当事人可以明确约定期限,也可以不明确约定期限。对于明确约定期限的租借合同,到期后合同自然终止,承租人返还原物。但双方当事人可以依明示或默示的方式将租借的期限延长,也就是"续租",租借期限内双方当事人的权利义务不变。

⑤ 租金。租金是租借合同的本质特征之一,是双方当事人经济利益的集中体现。租金由双方当事人协商约定,当事人在订立租金条款时,应注意租金的标准、支付及结算方式、支付时间等问题。

对于租金的标准,国家有统一规定的,按统一规定执行;没有统一规定的,当事人自行协商确定。租金的构成一般包括租借物的维修费、折旧费和投资的法定利息、上缴利税、必要的管理费及保险费等,还要考虑市场需求状况、出租方合理的盈利等。出租方不得将收取租金作为获得高利的手段,对于租金标准过高的,法律是禁止的。租金一般以货币支付,但当事人也可以在合同中约定以其他物代替货币支付。以货币支付的,还应对租金的结算方式及结算银行、银行账号等做出规定。租金是定期支付还是不定期支付,是一次性支付还是分期分批支付,均应在合同中明确规定,并且将总金额及每次分别支付的金额及期限都规定清楚,如果需要预付租金,则也应在合同中注明。

⑥ 押金或保证金。押金或保证金并不是法定的合同必要条款。押金或保证金是出租人要求承租人预付的担保出租财产安全以及租金支付的抵押财产。租借期满或合同解除后,租借押金或保证金除抵扣应由承租人承担的费用、租金以及违约赔偿责任外,剩余部分应如数无息返还承租人。

⑦ 租借物的维修。租借物的维修保养责任具体由哪方承担,双方可以根据实际情况协商确定。一般情况下,出租方承担租借物的维修和保养责任,但在某些特殊情况下,出租方进行维修和保养有困难,也可以约定由承租方在租借期限内承担维修和保养的责任。实践中的一般做法是:如果承租方按约定正常使用租借物而发生磨损或出现损坏,需要大修,那么应由出租方负责。

双方当事人对这些都要协商决定,并在合同中明确规定出来,至于租借物的日常保养维修,由承租方负责也切合实际。对于这项工作的费用支出,也应在合同中做出规定,如果没有规定,则一般由出租方支付。

对于出租方与承租方的变更,可以按照合同法的规定,双方当事人在合同中互相约定变更合同的情况和条件。

(3) 违约责任

在违约责任条款中应明确规定违约金额的计算方法,赔偿要公平、合理。

承租方的违约责任主要有:按合同规定负责日常维修保养的,由于使用、维修不当,造成租借物损坏、灭失的,应负责修复或赔偿;因擅自拆改房屋、设备等租借物而造成损失的,必须负责赔偿;未经出租方同意,擅自将租借物转租或用租借物进行非法活动的,出租方有权解除合同,也可以要求承租方偿付一定数额的违约金;未按规定的时间、金额交纳租金的,出租方有权追索欠租,应加罚利息;过期不返还租借物的,除补交租金外,还应偿付违约金。

出租方的违约责任主要有:未按合同规定的时间和质量提供租借物的,应向承租方偿付违约金,承租方还有权要求在限期内继续履行合同或解除合同,并要求赔偿损失;未按合同规定的质量标准提供租借物,影响承租方使用的,应赔偿因此造成的损失,并负责调整或修理,以达到合同规定的质量标准;合同规定出租方应提供有关设备、附件等,如因未提供致使承租方不能如期正常使用的,除按规定如数补齐外,还应偿付违约金。

附合同示例:

某场馆租赁合同

甲方(承租人):
乙方(出租人):

根据《中华人民共和国合同法》及相关法律法规的规定,甲乙双方在平等、自愿的基础上,经友好协商,现就甲方承租乙方_____活动一事达成一致,为明确双方权利义务,特订立本合同。

第一条　租赁标的

1. 租赁场地：_____。乙方保证该租赁场地拥有合法使用权及出租权利。
2. 租赁用途：_____。
3. 租赁期限：_____年____月____日____时至____时。

第二条　场地费用及支付

1. 场地租金：人民币（含税）____元，甲方向乙方支付场地租金（含税）共计人民币____元整（￥____）。乙方提供服务内容包含：
2. 场地租金和其他费用的支付：甲方于_____年____月____日前以银行转账的方式支付60％场地租金即____元整（￥____）。甲方于____年____月____日前以银行转账的方式支付尾款40％场地租金，即_____元整（￥____）。
3. 甲方应将上述费用及押金以银行转账的方式转入乙方指定的银行账户：

户名：
开户行：
账号：

4. 乙方收到全部款项后向甲方开具等额增值税专用发票。

第三条　双方权利义务

1. 甲方应及时告知乙方有关活动的信息，以便乙方做好准备工作。
2. 甲方有权要求乙方提供约定的场地，并按约定向乙方支付场地租赁费用。
3. 甲方应注意维护乙方场地设施的完好，未经乙方同意禁止在墙壁和地面钻孔、钉钉子、打磨、油漆和使用海绵胶，禁止危险施工等。
4. 甲方应当对电子竞技馆内的所有专业设施和设备给予充分的注意和保护，未经乙方许可，甲方不得搬运、拆卸电子竞技馆内的所有专业设施和设备（包括但不限于电子竞技馆内的直播导播设备、视频切换控制器等设施设备）。
5. 甲方在承租区域内从事经营活动时，应当遵守中国包括环境保护、卫生、防疫、文化、治安、消防管理在内的各项法律规定。
6. 甲方保证在有乙方技术人员指导的情况下正常合理地使用该电子竞技馆及其设施设备，不得采取任何可能导致不合理或损坏电子竞技馆及馆内所有设施设备使用的行为。
7. 活动期间，甲方自行负责其人员、车辆及相关财产的安全，乙方对甲方人员、车辆及相关财产的安全不负担责任。
8. 甲方应采取必要的安全措施，保障活动的安全进行，乙方对甲方活动中出现的意外情况不负担任何责任。如甲方所举办的活动对乙方人员、场地、建筑物及其他财产造成损害，则甲方应承担相应的损害赔偿责任。
9. 甲方应协助乙方做好活动现场管理工作，与乙方共同解决出现的问题。
10. 活动结束后，甲方保证电子竞技馆应已还原乙方原有的现场布置，以确保乙方使用电子竞技馆举办赛事活动不受影响。
11. 乙方应按合同约定向甲方提供活动场地。
12. 在本合同有效期间，乙方有权使用或许可第三方使用乙方展馆场地中未租赁给甲方的场地。
13. 未经乙方书面同意，甲方不得将电子竞技馆转租其他第三方。
14. 租赁期间，如果甲方有违约或不履行本合同的行为，乙方可以从甲方向其缴纳的押金中予以扣除，以补偿甲方该等行为给乙方造成的损失和损害。乙方从押金中扣除相关费用的，甲方仍应按本合同约定承担相应的违约责任，乙方损失超过押金的，乙方仍有权追索。
15. 甲方视频拍摄完成后，应提交乙方审核，乙方有权要求甲方删除、遮挡视频内与乙方有关的保密信息或乙方认为不适宜向第三方公开的信息。甲方拒绝依照乙方要求删除、遮挡的，乙方有权要求甲方赔偿因此造成的全部损失。

第四条 交付与返还

1. 交付：乙方应于甲方布场前将房屋交付给甲方。甲方、甲方委托人、甲方公司员工在接收电子竞技场馆时，应该谨慎和适当地检查电子竞技场馆，在核实无误后再在清单上签字或盖章。甲方、甲方委托人、甲方公司员工在《设备、场地交接表》签字或盖章视为交付完成。

2. 交还时，双方须对电子竞技馆的设施设备进行验收，如电子竞技馆内的设施设备场地发生损坏、破坏或甲方改变电子竞技馆内原有线路布置的，甲方应赔偿乙方全部损失（包括但不限于设施设备调试或维修的费用、乙方赛事活动不能正常举办而造成的损失及乙方在其他有形或无形方面遭受的损失）。

3. 甲方交还时，双方应签署场地及设施设备交还确认书。

第五条 违约责任

1. 未在约定时间撤场并还原现场布置的，视为甲方违约，直至电子竞技馆布置还原，期间甲方应按照每天5万元的标准向乙方支付占用费，占用天数按整数计算，未满1天的按1天计算；由此给乙方带来的所有损失，甲方应当赔偿。

2. 租赁期内，如因甲方原因导致房屋水、烟、燃气等物质外泄，或发生火灾、爆炸等危害公共安全事件，或甲方发生不良经营行为的，甲方应当对乙方及第三方因此而蒙受的损失（包括人身和财产损害）给予赔偿。

3. 租赁期满后，甲方需要及时交还所承租的电子竞技馆，如逾期交还，甲方每天须按照5万元的标准向乙方支付占用费。如甲方逾期交付影响乙方赛事活动的正常举办，甲方还应承担由此给乙方造成的全部损失。

第六条 不可抗力

由于自然灾害、战争、罢工等不可抗拒力致使合同无法履行的，双方均不承担违约责任，由此造成的损失由双方各自承担。

第七条 争议解决

本合同未尽事宜及本合同履行中所产生的争议由双方本着平等友好的精神协商解决。若协商不成，则双方均有权向杭州市下城人民法院通过诉讼解决。

第八条 其他约定

1. 本合同经甲乙双方盖章后生效。

2. 本合同的附件：《设备、场地交接表》。

3. 双方可以协商变更或终止本合同。发生以下事由，乙方有权单方面通知甲方解除合同，甲方已付款项不予退还，且合同解除不影响乙方要求甲方承担其他违约责任。

（1）甲方未按时缴纳租金或保证金；
（2）甲方未按照租赁目的使用电子竞技馆；
（3）甲方未经乙方同意将电子竞技馆转租给第三方；
（4）甲方在租赁期内有损害电子竞技馆内设施设备的行为。

4. 本合同壹式____份，甲方执____份，乙方执____份，具有同等法律效力。

5. 本合同中未尽事宜，双方协商一致后，另立补充协议，补充协议为合同的有效文件，具有同等法律效力。

6. 签署本协议附件《设备、场地交接表》时，可由甲方盖章，也可由甲方授权代表签字确认，甲方授权代表签字视同甲方盖章。

----------------------------以下无正文----------------------------

甲方（盖章）：
授权代表（签字）：
签署日期： 年 月 日

乙方(盖章):
授权代表(签字):
签署日期:　　年　月　日

附件一:设备、场地交接表

序　号	验 收 项 目	数　量	单　位	交 接 意 见
1	天花板、墙面			
2	玻璃门			
3	玻璃窗			
4	窗框、窗台			
5	消防烟感探测头			
6	消防箱			
7	开关面板			
8	空调送、回风口			
9	风机盘管			
10	格栅灯			
11	电源插座			
12	弱电信息箱			
13				
14				
15				
16				
17				
表计	空调开启时间:		;关闭时间:	
情况说明栏:项目为不完好的请在此处说明情况				
备注栏				

承租方签名:＿＿＿＿＿＿＿＿

出租方签名:＿＿＿＿＿＿＿＿

接收时间:＿＿＿＿＿＿＿＿

＊此表一式贰份,承租方、出租方各执一份。

注:甲乙双方可直接在本清单填写内容并签字盖章,也可将自行拟定并签字盖章的《设备、场地交接表》附在本页。

3.2.5　活动场地服务与保障流程

（1）一般流程

一般来说，大型活动的场地服务与保障流程分为以下五部分：熟悉大型活动的基本情况；场馆方面领导分工；各部门主要工作职责和任务；工作时间安排；其他要求。

大型活动的基本情况包括：活动的规模；活动日程安排；场地安排；场馆的主要任务和职责。

活动的规模主要包括参加的国家、教练员、运动员、工作人员、新闻记者等的数量，还包括观众的人数等。

活动日程安排指对每天的活动行程给出具体的安排。场地安排包括使用场地、出入口设置、停车场安排、围蔽方案。

电子竞技场馆的主要任务和职责是指场馆方面所要做的事情和应承担的责任。例如负责场馆日常保安与消防工作，配合主办方安保部制定相应的保障方案；保障活动期间水、电和空调的正常使用，并协助主办方装、拆台工作；负责配合各相关单位做好临时设施的搭建工作；负责对服务人员的管理及岗位培训工作等。

场馆方面领导分工：一般而言，体育场馆的总经理负责活动的全面工作，场馆其他领导按分工管理相关部门和工作。

各部门主要工作职责和任务如下。

① 行政部。一般负责草拟场馆关于举办此次活动的保障方案、督促主办方与垃圾清运公司及时清运垃圾、负责员工纪律督导工作、负责部门加班申请的审核工作、负责临时工作证件的发放和管理、负责组织活动所需的志愿者、负责应急临时广播等。

② 市场经营部。主要负责综合协调工作，记录与主办方召开的有关会议精神并撰写会议纪要；负责组织协调本次活动的社会配套服务工作，根据主办方的要求布置功能房和安检门的桌椅；负责活动场地的管理工作，对场地卫生保洁、各工作区域的消防应急通道、贵宾室、功能房的管理情况进行监管，发现问题后及时与相关部门和单位进行沟通处理；负责准备活动需要的各功能房、仓库和各种物品，及时与主办单位办理交接管理手续等。

③ 财务部。主要负责向活动主承办单位收取场租、有偿服务费用和违约金等工作。

④ 保安部。主要负责场馆区域的社会治安、安全保卫和防火安全的巡查工作；负责组织车辆的指挥导泊、保管和维持车场的治安秩序工作；负责消防控制中心的监控、管理；负责对新入职的保安人员进行防火、治安等相关培训工作；对驻馆单位的治安、消防安全管理工作进行检查并抓好整改落实的工作，向驻馆单位通报活动的基本情况并提出配合要求等。

⑤ 设备工程部。主要负责在活动开始前对各场馆和各工作区域的电源、空调、灯光、音响、消防监控系统、灭火设施设备、应急照明和紧急出口指示、给排水系统进行全面检查，确保各设备系统工作正常、稳定；负责本次活动供电保障的综合协调，落实本次活动的供电保障方案和措施，审定所有用电和灯光等设备的吊装方案，监督用电和吊挂的安全检查，处理和纠正违规行为；负责活动期间的设备保障工作，保证安全运行，不出故障；负责

临时用电的安排、检查与监督工作；保证活动期间场馆正常用电和按时提供空调；负责各工作区域的电话安装与调试、网络设施设备管理与服务；制定网络、通信保障紧急情况处置预案，组织好活动期间的相关抢修工作；协调供电和空调、消防监控和场馆改造建设等单位进馆检测有关设备和参与活动的保障工作等。

工作时间安排是指对每个部门的工作时间给出具体的安排。

其他要求包括对活动中的工作人员的着装要求、实际操作与方案发生冲突问题时应如何解决等其他补充要求。

(2) 赛事的场地服务与保障

大型赛事的特点是：不可替代、时效性强、专业性强、安全系数低、社会效应大、可再生性强。

比赛结果的不可预测性使得每项赛事、每场比赛都是唯一的，具有不可替代性；赛事是具有时间性的，在既定的时间、规定的地点举办，时效性强；观赏电子竞技比赛一般需要较强的专业知识或专业技能，观众应了解该项目的比赛规则、项目特点、参赛双方的技术风格、各自的实力等相关知识；赛事的人为因素可控性差，比赛期人多混杂，再加上赛事竞争激烈，人们往往难以控制自己的情绪，造成事故的发生；赛事以独特的魅力吸引着新闻媒体，一经新闻媒体报道或炒作，随即会成为世人关注的焦点。

因此对于赛事的场地服务与保障而言，在按照上述一般流程做到位的同时，还要考虑其自身的特点，尤其要做好比赛时群众观看比赛的安全保障，随时留意观众的情绪波动，发现有意外情绪马上上报主管领导，及时处理。同时要维护好与媒体的关系，因为大型赛事的成功与否与媒体的报道有很大关系，同时，又因为赛事是一种可再生资源，所以每一次赛事的举办都在为其场馆做口碑宣传。

(3) 文艺演出的场地服务与保障

文艺演出的场地服务与保障除遵循以上流程之外，还要注意一些重要问题及突发事件的处理。例如假票、重票、争执、观众不遵守场内规定（如站起来影响其他观众、吸烟等）；场内人员突发急病；发生火灾、爆炸、斗殴；发现盗窃和危及场内人员、设备安全的其他情况以及停电，空调、音响、灯光、大屏幕故障等。

处置的措施如下。

出现爆炸：应立即报告现场公安人员，并采取断然措施保护人民生命和国家财产的安全。

发生盗窃：由保安人员将犯罪嫌疑人扭送现场公安人员处理。

需要紧急疏散人员：通道大门附近的人员打开通道大门，各类人员要保持高度冷静，在公安部门和体育场馆工作人员的统一指挥下引导观众有序离开，同时要有广播、大屏幕的声音和文字引导，注意控制观众的情绪。

停电及其他设备故障：设备工程部加强设备检查工作和预防，提前与电力局联系，保障电力供应。发生局部停电时，由设备处采取应急措施先行解决问题，并组织应急抢修人员及时排除故障。发生全场停电时，设备工程部应及时让供电部门报告情况，请示解决办法。场内各类管理人员要劝导观众保持冷静和安静，根据公安部门和体育场馆领导的指示做好处置工作，通知指挥部、引导员、保安要听从指挥部的命令，疏导观众离场。

场内人员突发急病和伤情：服务人员应立即组织医务人员进行救治，必要时应立即联系就近医疗，派车将伤病员送院救治。

假票问题：由引导员交巡场人员，领到公安值班室处理。

重票问题：由各区引导员向观众道歉，耐心做好解释劝导工作，寻找适当位置妥善安排观众，对当天有票无座位的观众，可安排次日进场观看演出。

不遵守场内规定：由区内引导员劝止，如果不能有效处置，交由保安处理。发生危及场内人员生命安全的特殊情况时，应立即发出警报。非上述情况，各类人员不准用任何形式发出警报，发出警报时应立即向现场公安人员和体育场馆领导报告。

(4) 会展的场地服务与保障

会展的场地服务与保障除具上述一般流程外，还有自身的特点。会议举办的时间一般包括上午、下午和晚上，因此场馆应为与会人员准备餐饮的供应，这就要注意餐饮的食品安全问题，防止食物中毒事件发生。

展览的举办时间一般为上午和下午，因此中午应为参观人员准备午餐，也可以不准备。如果准备午餐，同样要注意食品的安全问题。展览区别于其他活动的一个重要特点是在举办展览时观众是动态的，与其他活动的观众坐在座位上的静态不同，因此要求场馆的工作人员要合理安排路线，做好人员的疏散工作，防止由于拥堵而产生踩踏事件。

总之，各类大型活动的场地服务与保障在遵循一般流程的基础上，还要根据自身的特点做好有针对性的服务与保障。

3.3 电子竞技场馆的营运业务

3.3.1 电子竞技场馆的资本运营

(1) 资本运营的概念

资本运营又称"资本运作""资本经营"，是指运用市场法则，通过资本本身的技巧性运作和科学性运动实现价值增值、效益增长的一种经营方式；所谓资本运营，就是指对公司所拥有的一切有形与无形的存量资产，通过流动、裂变、组合、优化配置等各种方式进行有效运营，以最大限度地实现增值，它对于企业追求利润最大化、扩大市场占有率、形成经济规模、降低风险、实现资源最优化配置等具有重要作用。

资本运营一般包括四个要素：运营主体、运营资本、运营对象和运营手段。另外还需要一个良好的运营环境，即资本市场。资本运营的目的就是在利润最大化的原则下使用资本在再生产过程中实现保值和增值，使资本更有效率，并能不断地实现资本扩张。

在具体的运作过程中，资本运营需要遵循以下原则。

第一，就运营主体而言，必须实现资本运营与核心能力的有机结合。证券场是资本运营的天然舞台，通过证券的发行、运作实现资本的增值，实现资本量的盘活，然而从长期看，要实现企业资本的健康持续增长，企业资本存量的增长必须以企业核心能力，即生产能力的提升呈同向增长。第二，实现企业经济实力与品牌优势的有机结合。这是我国很多企业在资本运营过程中忽视和做得不够的地方，我国企业自主品牌的比例和企业的创新能力强，在很大程度上缘于企业经营者在资本运营过程中片面地强调资本存量统计值的增加，而忽略品牌创造和维护有很大关系。第三，实现低成本扩张和资本效益的有机结合。资本运营可以采取很多方式。资本效益的提高如果以高成本付出为代价，那么资本运营的效率就是低下的，因此必须实现低成本扩张和资本效益的有机结合。第四，实现内部完善的管理与对外规模经济的有机结合。

此外，从资本运营的内容和形式来看，可以分为实业资本运营、金融资本营、产权资本运营。

（2）资本运营之于电子竞技场馆

就电子竞技资本市场的构成情况而言，广义电子竞技资本市场包括电子竞技证券、电子竞技基金、电子竞技保险、银行信贷、电子竞技赞助等诸多融资渠道，目前都有不同程度的表现。随着中国电子竞技产业化进程的深入，这些市场将发挥越来越重要的作用。鉴于我国电子竞技产业的现状，股权融资的主要希望还是集中在创业板市场和风险资本的投入，风险投资将是近期我国电子竞技产业除国家投入之外的主要融资方式，而商业银行贷款和电子竞技产业基金则是电子竞技产业融资另外的重要手段。

目前，我国整体的电子竞技场馆运营管理还处于初级阶段，在我国电子竞技场馆的资本运营中，多体现在场馆建设过程中的投融资领域。虽然建设过程中的投融资模式对于赛后的场馆运营起着举足轻重的作用，但实际上，仅仅体现在场馆建设初期的资本运营，严格来讲还不能完全成为电子竞技场馆资本运营的重要形式。

3.3.2 电子竞技场馆的培训服务

业余培训功能是体育场馆的重要功能之一。我国的电子竞技市场越来越大、比赛越来越规范、赛事越来越专业，但职业电子竞技选手的工作并不是打打游戏那么简单，而是对游戏天赋有着很高的要求，他们的成功往往不具有普遍性。对于以电子竞技为职业追求的青少年而言，成为相关从业人员，如游戏开发、美术设计、动画设计等，可能是更为现实的选择。

很多传统体育场馆非常重视各类体育项目的培训，依靠多元化的培训服务取得了良好的综合效益。随着电子竞技产业的不断发展，游戏培训越来越受到人们的关注与追捧，电子竞技场馆由于交通便利、设施优良，具备良好的游戏培训项目开发的硬件条件，在游戏培训方面有着得天独厚的优势。电子竞技场馆是游戏培训的基础条件，也是游戏培训服务开展的重要依托，利用电子竞技场馆的设施资源举办各类游戏培训班，满足不同电子竞技爱好者的电子竞技技能培训需求，是电子竞技场馆多功能利用的重要内容。

电子竞技场馆在开展各类游戏培训项目的过程中有几方面要引起特别重视：第一，培训项目种类繁多、培训对象广泛，在开发过程中要根据区域经济和社会发展状况有针对性地开发；第二，培训市场只是培训服务产业链的一个环节，电子竞技场馆可做好配套商业开发，引进餐饮、销售等配套服务，争取完善培训产业链，拉动场馆的其他服务；第三，引进培训机构时要注重其品质，优质的培训机构会带来广泛的人气，从而促进电子竞技场馆的其他经营项目。

3.3.3　电子竞技场馆的餐饮供应

大型体育场馆的运营主要依靠成熟的职业赛事体系和发达的体育产业作为支撑。国外的大型体育场馆的经营收益来源包括场馆冠名费、赛事门票收入和赛事电视转播权收入,一些大型体育场馆的冠名费一年能达到上亿美元,举办体育比赛的年入场人次达到千万人规模,还可以从总额动辄为数十亿美元的职业赛事电视转播权中分成,这些巨大的收入来源是我国大型体育场馆不能想象的。由于没有发达的职业赛事体系和体育产业作为依托,我国的大型体育场馆普遍存在闲置问题,场馆运营也面临着困难。

我国大型体育场馆的运营困境揭示了长久以来中国体育产业缺乏与外界联动和融合机制的弊端。《中国体育产业政策研究》报告就给出了"建立体育与文化、休闲、健康、旅游、娱乐等产业领域嵌合与联动机制"的建议。"从欧美国家体育产业的实际发展经验看,一个鲜明的特征就是:体育积极主动融入文化、休闲、娱乐、健康、旅游等领域,并获得无可替代的地位和相应的政策支持。"目前,我国的体育产业与其他领域的联动程度还很低,具有很大的发展空间。

在体育场馆范围内设置餐饮服务可以方便观赏完高水平赛事和参加运动后的群众,为他们提供一个就近的用餐场所。这不仅可以丰富体育场馆的服务内容,还可以盘活体育场馆的经营,带来物业出租方面的收益,一举两得。国内外场馆运营的成功经验表明,在城市规划的引导和控制下合理设置停车场、餐饮、住宿等配套设施,既可以满足市民运动、休憩、餐饮、购物的多元化需求,又可以盘活场馆的资产经营,保障经济效益。

对于电子竞技场馆而言,餐饮业是非常好的补充,它解决了商业价值链后端的需求。当人们看完比赛、购完物,总要停下来歇一下,这个需求可以用餐饮满足。电子竞技场馆与餐饮的组合,受益方并不仅仅是前者,而是双赢的结果。餐饮入驻场馆,这种选择对餐饮企业,特别是有一定规模、一定档次的餐饮品牌而言,会获得顾客群的保障。一方面,餐饮为场馆引流;另一方面,场馆的客流也是餐饮企业的客户群。好的餐饮品牌甚至明星主题餐厅,本身就有带客能力,能够增加场馆的人流量和营业额。那具体应如何操作呢?

1. 考虑场馆餐饮的核心卖点

电子竞技场馆的消费者具有明显的个性化、年轻化的特征,因此场馆经营餐饮时需要着重考虑个性化、年轻化、差异化等核心卖点。

2. 通过外卖增加餐饮盈利能力

电子竞技场馆有赛事时场场爆满,无赛事时人流量大幅减少,特别是工作日期间更为明显,场馆餐饮一定要打通外卖渠道,通过外卖渠道维持工作日较为惨淡的业绩。外卖是场馆餐饮必须借助的方式,从用户的消费习惯来看,它已经成为另外一种消费方式,从餐饮商家的经营角度来说,外卖就是消费者更换一个场景用餐。

3. 产品是最好的推销员

商超餐饮要想从众多竞争对手中脱颖而出,产品必须有扎实的内功,产品才是最好的推销员,是能够为餐厅带来复购的条件之一。餐饮行业属于服务行业,不仅要提供良好的菜品、优美舒适的就餐环境,更要提供良好的用餐服务,满足严格的卫生要求,对员工的业务技能和服务态度的培训都是必不可少的。消费者还会有从众心理,他们很难分析这个品牌吸引力大的原因和结果,但他们会接受大多数人的判断,换言之,常见的品牌也是吸引消费者的原因之一。

餐饮经营的理念就是让食客放心而来,满意而归。只有做到这一点,才能真正做好电子竞技场馆内的餐饮服务。

3.3.4 电子竞技场馆的零售和展览

对一个场馆而言,品牌是一种无形资产,这种无形资产往往可以转化为有形资产,甚至可以创造出更多的价值:一是知名的品牌展览场馆能反映场馆的先进技术、产品和市场的发展动态及趋势,能在同类场馆中起指导作用,进而吸引更多的代理商、办展方、参展商的关注,易于形成卖方市场,增强议价能力;二是它能在市场竞争中吸引更多的注意力,便于成为政府、媒体、协会等单位的"宠儿",能获得他们在资金、宣传和管理等方面的支持,从而为展览场馆节约经营成本,例如南昌市政府规定只要是在南昌举办的国际性、国家级展览活动,分别按每个国际标准展位 300 元、200 元的标准予以补助;对举办全市性展览、展位超过 500 个以上的,按每个展位予以 100 元的补助;三是品牌经营的成功将赢得办展方、参展商和公众对该品牌的信任和好感,且这种信任与好感将扩展到同一品牌的相关服务中,有利于展览场馆推出新业务、开拓新领域并获得新市场;四是品牌价值的提升能使展览场馆的无形资产快速升值,同样品质的服务,具有知名品牌的展览场馆服务就能获得较高的价格认同,办展方、参展商等愿意支付比其他服务更高的价格去购买知名品牌的服务,从而使展览场馆能够获得更大的利润。

3.4 电子竞技场馆与政府的关系

企业与政府之间的关系是我国经济体制改革过程中必须正确处理的一个关键问题,它关系到我国企业能否真正成为市场主体,社会主义市场经济体制能否完善,经济能否实现健康、持续发展,关系到社会主义和谐社会的构建等重大改革和发展的课题,因此一直受到经济理论界和企业界的关注。

作为 21 世纪初期才诞生的电子竞技,至今发展不过 20 来年,仍处于起步阶段,而具有行业典型代表的产物电子竞技场馆从诞生至今也不过短短数年时光;面对瞬息万变的市场变化和汹涌激荡的产业变革浪潮,作为电子竞技产业发展先锋的电子竞技场馆经营者必须要思考的一个问题是:如何处理好电子竞技场馆与政府关系。

3.4.1 我国企业与政府关系的新变化

(1) 政企关系类型日趋多样化

改革开放以前,政府与企业基本是"父子"关系。1978 年以来,国家对原有的企业管理体制进行了不断的市场化改革,与此同时也产生了很多新的经济成分,也造就了一些新的政企关系。

(2) 政府职能部门与企业的关系日趋突出

以前,每当谈起政府与企业的关系,首先想到的就是政府专业经济管理部门与国有企业之间的关系。但是经过二十多年的改革,其他所有制企业迅速发展,乡镇企业、民营企业、三资企业成为中国经济发展的重要支柱。政府与企业的关系不再局限于专业经济管理部门与国有企业之间的关系,而政府职能部门与包括国有企业在内的企业整体之间的关系日益引起关注。这是因为职能部门与企业之间的关系具有特殊性:首先是职能部门与企业的关系涵盖所有专业领域;其次是职能部门仅仅在某些特定职能上与企业发生关系;第三是职能部门与企业的关系是随机的、非紧密性的;第四是职能部门视企业为均质的,不论企业性质如何,规模多大,都按同等方式平等对待;第五是职能部门与企业的关系多为由法律调整的法律关系,这种关系很难由行政手段调整。因此,职能部门与企业之间的关系是现阶段政企关系中的基本关系,在国有企业改革进展到一定阶段后,职能部门与企业之间的关系将是政府与企业关系的全部内涵。

(3) 企业与所在地政府之间的关系重要性增强

随着国有企业改革的深入,国有企业与上级主管政府之间的关系逐步理顺,而越来越多地与所在地政府发生关系,如就业、税收、企业社会负担的转移、企业支援地方建设等关系。同时,大型民营企业、三资企业也面临如何与所在地政府建立良好关系的问题。这些企业绝大部分的日常经济活动都发生在所在地,要受所在地政府的约束与管辖。当地政府对企业的态度直接影响着企业的生产经营能否顺利进行,对企业的生存与发展发挥着至关重要的作用;而企业对当地政府的支持也会促进当地的社会经济良性发展。

(4) 政企关系的当事主体呈现多元化状态

在社会主义市场经济体制下,政府与企业关系不再仅限于政府与国有企业之间的关系,而是政府与国有企业、乡镇企业、民营企业、三资企业之间的关系;企业与政府之间的关系也不只是企业与专业经济管理部门之间的关系,还有与政府职能部门的关系,不仅要与主管政府打交道,还要处理好与企业的本部以及各分支机构所在地政府的关系。政企关系主体日益向多元化的方向发展。

企业与政府之间的关系所呈现出的上述变化是改革开放的必然结果,是建立社会主义市场经济体制过程中的必经阶段。对于我国的各级政府和各类企业来说,这些变化是新生事物,在处理双方关系的过程中必然会出现种种问题,这些问题如果解决不好,则会影响良好政企关系的建立,从而影响社会主义市场经济体制的健康运行。

3.4.2 建立符合 WTO 规则的合理的政府与企业的关系

(1) 为企业服务是政府的根本目的

政府的根本目的是为企业服务,正是这一点构成了现代政企关系的基础。企业的运转和成长可以增进社会财富,提高人们的生活福利,使壮有所用、老有所依,企业构成了整个社会的经济基础,也是组织社会生产、分配的最佳和最主要的制度安排。因此,政府必须明确自己的目的,即为企业服务,政府制定一切政策措施的出发点是保障和扶持企业的健康成长。

政府是公共部门,是为企业服务的,如果这个关系界定不清,企业就难以快速发展。

(2) 政府与企业是建立在法律基础上的对等关系

政府和企业都是建立在法律基础上的两大平等主体。政府是依法管理,企业是依法经营,都是以法律为基础,没有谁领导谁的问题,是构建在法律基础上的两大活动主体。

企业是经济活动的主体,政府是社会活动的主体,二者之间是对等的,并不存在领导与被领导的关系。政府可以依法利用经济手段对宏观经济进行调控,也可以对企业的微观行为进行处罚,但除此之外,政府不具备其他对企业的支配权力。对于企业的生产、投资等各项具体经营,政府无权进行干涉。

3.4.3 建立新型政企关系亟待解决的问题

转变政府职能,建设新型政企关系,其过程不可能是一帆风顺的。从现阶段来看,确实还存在一些亟待解决的问题,如果这些问题不能得到合理的解决,新型政企关系就只能是望梅止渴。因此,从现在开始必须对实行过程中的障碍和问题进行深入研究,制定出合理的、具有战略意义的措施逐步化解,从而顺利推进政企关系建设。

1. 做好电子竞技场馆与政府关系

政府关系既是企业公共关系的基础,也是重要的工作内容之一。政府关系做好了,有助于其他公关工作的全面开展;反之,其他公关工作做好了,再做政府关系也会事半功倍。这种相辅相成的关系说明了政府关系是企业经营管理的关键因素,能否做好政府关系决定着企业的生存和发展。

企业的外部公众可以分为两类,第一类是功能性公众,如媒体、合作伙伴(对象)、竞争对手等;第二类是支撑性公众,政府关系就是支撑性公众,另外还有社区关系、消费者关系等,这类公众对企业的生存和发展构成直接的影响,是企业公关对象中最重要的一类。

第一,电子竞技场馆经营企业应认识到市场的经济活动从来与政治活动密切相关。企业应该努力使这种影响向着有利于自己的方向发展,而不是相反,最低限度也要力争避免负面影响。企业无法左右大环境,但可以在一定范围内、一定程度上营造有利于自己的小环境,在这个小环境中建立有利于自己发展的关系网络。

第二,政府的行为对公众有着非常强烈的示范作用。电子竞技场馆经营企业在处理政府关系时所采取的各项经济及公益手段不应是为了获得更多的经济回报,还应更重视其象征意义,从而争取政府的放心,同时也争取广大公众的好感。

2. 电子竞技场馆经营公司政府关系管理的组织架构设计

电子竞技场馆运营方的企业组织结构如图3-5所示。

① 电子竞技场馆经营企业由副总经理兼任公共关系部主任具有强烈的象征意义,这种典型的高层领导直属型的公共关系组织结构既体现了企业对公共关系工作的重视,又为公共关系部顺利执行自己的职能提供了强有力的背景支持。这实际上反映了企业对组

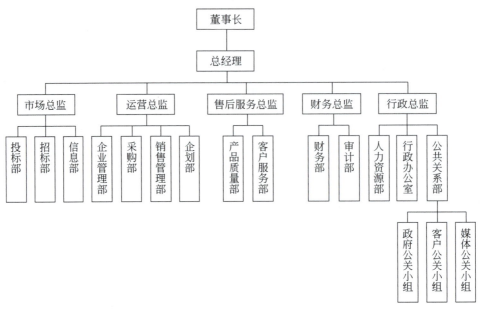

◆图 3-5　电子竞技场馆运营方的企业组织结构

织外部公共关系的高度重视。

② 类似于事业部制的组织机构,分工明确,层次分明,减少了传播过程中的信息损失,是提高公共关系工作效益与效率的组织保证。可以看到,公共关系部下属各个小组主要是根据工作对象与企业的关系划分的,这样的分工使公共关系工作在面对不同的公众时工作专业性更强,工作节奏把握更准确、更科学。

3. 电子竞技场馆经营企业与政府互动的方法和渠道

1）积极与立法、监督机关和政府部门进行坦诚沟通

政府的工作就是依法行政,法律法规是他们作为的最大依据,因此企业首先要关注法律法规的制定。人大是立法机关,政协是政治协商和民主监督机关,对于政策的制定和政府执行行为具有决定性的作用。因此,企业应该积极把员工中的优秀分子推到人大、政协,让他们与其他人大代表、政协委员沟通,就会自然顺畅。做政府关系首先要符合部门利益,职能部门就会说服领导,领导产生了兴趣,就会更进一步地了解企业,企业也会因为得到更多的来自于政府的关注和支持。

例如,电子竞技场馆在承办大型电子竞技赛事的时候,首先要积极争取得到当地政府的有力支持,通过充分的沟通交流让政府领导了解该项电子竞技赛事对于当地城市的意义和社会价值,不仅要让政府看到电子竞技赛事能带来流量和经济效益,更重要的是带动更多产业落地,吸引更多优秀人才前来就业生活,给地方带来更多的就业机会和税收增长。只有让各级政府部门的领导看到承办电子竞技赛事是多方共赢的,对城市建设是有积极推动作用的,赛事才能顺利举行;电子竞技场馆通过承办赛事不仅赚取了收益,也获得了广泛的社会赞誉,同时得到了政府的支持。

2）积极参与公益事业是政府关系中的重要内容

企业做政府关系，不能一味地想着从政府身上捞好处、要政策。要知道，市场经济最大的原则是互利互惠，在一个合作项目中，若有一方没有利益，合作就不可能长久。因此，电子竞技场馆经营企业首先要想到和做到的应是如何协助政府，想政府之所想，急政府之所急，为政府排忧解难才能得到政府的支持和帮助。

作为经营电子竞技场馆的企业，要具备全局眼光和战略意识，不能仅着眼于场馆经营的利益，而是要更多地考虑如何回报社会，积极投身社会公益事业，为企业赢得口碑和人心，如此方能获得政府的长久支持。电子竞技场馆在不影响自身经营的前提下，应该尽可能多地承办一些公益类的活动。例如举办带有慈善性质的电子竞技赛事、非营利性质的全民电子竞技娱乐赛事、为残障人士和失业人员定期开展电子竞技职业技能培训等活动。通过这些活动，不仅是让社会各界深刻了解电子竞技，改变主流社会对于电子竞技存在的一些刻板偏见，还要让更多社会阶层正确认识电子竞技，从反对到支持，从批判到认可，从抵制到欢迎；唯有如此，电子竞技的从业人员才能从根本上扭转社会大众对于电子竞技的误解，才能让政府名正言顺地支持电子竞技产业发展，给予电子竞技从业人员更多的扶持和关怀。

3）积极配合政府投身于地方经济建设，勇于创新

近年来，中国各级地方政府都开始进行经济转型和产业升级，一些新兴的产业项目被纷纷引入各地城市。其中，电子竞技作为新文创产业的代表，获得了不少地方政府的青睐，通过导入知名的电子竞技赛事、邀请知名的电子竞技俱乐部入驻，吸纳顶级的电子竞技头部企业落户成为当下的热门话题。而各地政府也开始纷纷投入重金打造电子竞技场馆作为电子竞技产业的重要配套工程，一时间，具有经营电子竞技场馆能力的企业成了"香饽饽"。

对于电子竞技场馆的经营者而言，经营好自己的场馆是主业、是本分，从大局而言，在充分享受了电子竞技发展时代红利、得到政府各项产业扶持政策之余，如何更好地回报社会，参与地方经济建设，为城市发展助力，也是每一个电子竞技企业家必须关心的话题。

如果电子竞技场馆位于二三线城市，当地工商业不发达，缺少支柱型产业，唯一的特色便是旅游资源较为发达，每年能吸引一定的人流前来观光，那么作为电子竞技场馆的经营者，应该如何在这样一个先天不足的非中心城市开展电子竞技产业落地呢？

电子竞技旅游的主要方式如下。

- 通过电子竞技大赛、大会、展会等聚集各地的电子竞技爱好者，形成电子竞技会展旅游。
- 通过电子竞技景区吸引旅游者前来观光，形成电子竞技景区旅游。
- 通过电子竞技旅游目的地，如电子竞技旅游小镇，使旅游者前来观光、休闲、商务、会展等，打造集吃、住、行、游、购、娱为一体的电子竞技旅游消费系统，形成电子竞技旅游目的地旅游。这种新型经济模式带来的好处如下。

① 配合地方政府打造新文旅经济。

以旅游业为经济发展中心的城市每年都会有官方固定的大型文旅项目，如旅游文化节（图3-6）、美食节、文博会之类的大型活动，通过政府号召，利用官方渠道吸引全国各地

的游客前来消费。借此机会,电子竞技场馆可以配合节庆活动承办高规格的电子竞技赛事,将"电子竞技观赛+旅游观光"的娱乐模式打通,不仅丰富了当地的旅游经济形式,还拓展了全新的旅游项目。

◆图 3-6　武汉 2020 年电子竞技旅游嘉年华宣传海报

② 传统文化导入电子竞技 IP,成为城市新名片。

电子竞技产业链十分庞大,不仅诞生了众多优秀的企业,也催生了无数优质的 IP,电子竞技场馆结合当地城市的历史文化,导入合适的电子竞技 IP,可以形成独树一帜的城市电子竞技 IP,例如成都将自己的街道名称巧妙地融入了《王者荣耀》的游戏场景里,不仅让更多玩家领略了成都的风采,也让成都这座网红城市更加吸引人(图 3-7)。

◆图 3-7　在《王者荣耀》S8 赛季新出的皮肤中,白起的专属皮肤背景中写有"天府三街"的字样

再如西安,历经千年辉煌,十三朝古都带来的历史文化底蕴给这座古城既带来了荣耀,也让西安人民肩负起复兴古都的发展重担。在电子竞技这一新兴产业如火如荼地发展之际,西安主动敞开古老的大门拥抱了电子竞技,用盛大而又别开生面的入城仪式热烈地欢迎了 WE 这支中国电子竞技俱乐部豪门(图 3-8),从此西安成为中国电子竞技产业

发展的西部重镇。西安丰富的历史人文元素和新潮时尚的电子竞技元素产生了神奇的化学反应,让更多追寻新潮的年轻人更加喜欢上了中国的传统文化,位于西安曲江的WE主场电子竞技馆也成为西安新的旅游地标性建筑,吸引着大量电子竞技玩家前来观光。这便是电子竞技场馆与地方政府携手推动地方经济建设、勇于创新的优秀典范。

◆图3-8　著名电子竞技俱乐部WE 2018年落户西安的入城仪式

第 4 章

电子竞技场馆管理

4.1 电子竞技场馆的资产管理

4.1.1 电子竞技场馆设施设备管理基础

1. 电子竞技设施设备管理的目的与任务

电子竞技场馆的设施设备是保障竞技比赛、全民健身运动需要和其他社会活动的根本。随着社会文化经济的发展,不仅各类竞技活动越来越多,电子竞技场馆还承办了各种文艺表演和会展等其他社会活动。现代社会要求电子竞技场馆设施设备的管理工作必须具有科学性、经济性和安全性,保证设施设备能够长期正常使用。

保证电子竞技场馆设施设备的正常使用并延长其使用寿命,是电子竞技场馆设施设备管理工作的核心内容。电子竞技场馆设施设备具有投资额度大、种类繁多、技术先进、维持费用高、安全要求严格等特点,这与普通物业管理的服务对象有很大不同。因此,场馆设施设备管理要更加科学、细致和高水准,既不能漏掉任何一种设施设备,更要保证每一种设施设备的具体管理内容科学严谨。

(1)电子竞技场馆设施设备管理的目

电子竞技场馆设施设备管理的目的是为其正常运行提供可靠的条件和保证,具体目的包括以下四个方面。

一是正确选择电子竞技场馆设施设备,避免电子竞技场馆设施设备的落伍和闲置。设施设备的限制会严重影响电子竞技场馆的经济效益。电子竞技场馆应根据服务的需要,选择技术先进的电子竞技场馆设施设备。同时,电子竞技场馆要根据实际需要及时解决场馆设施设备落伍和闲置的问题,以减少资金占用,提高电子竞技场馆的经济效益。

二是保证电子竞技场馆设施设备处于良好的技术状态。电子竞技场馆应正确使用场馆设施设备,管理者应经常组织有关人员学习、研究场馆的设施设备,灵活采用各种方式维护它们,提高电子竞技场馆设施设备的综合利用率,以保持良好的电子竞技场馆设施设备状况,确保电子竞技场馆服务的正常运行。

三是提高电子竞技场馆设施设备管理的经济效益。电子竞技场馆要在保证设施设备良好的同时,加强对设施设备的经济管理,降低设施设备各个使用环节的费用,达到电子竞技场馆设施设备寿命周期费用最经济的目的,从而促进整个场馆运行效益的提高。

四是保证电子竞技场馆设施设备的技术进步。电子竞技场馆设施设备管理工作应针对电子竞技场馆拓展新业务,改进现有服务水平,提高质量以及安全、节能等要求,有计划地进行电子竞技场馆设施设备的改造和更新,保证电子竞技场馆设施设备的完好率。

(2) 电子竞技场馆设施设备管理的任务

电子竞技场馆设施设备是现代电子竞技场馆的经营工具,是电子竞技场馆的服务要素之一。所以,对电子竞技场馆设施设备进行全面、认真的管理是电子竞技场馆优质、低耗地进行服务的基本条件。电子竞技场馆设施设备管理的任务包括以下四个方面。

一是追求电子竞技场馆设施设备的寿命周期费用最优化。电子竞技场馆设施设备的寿命周期费用是场馆设施设备使用期内的总费用。在电子竞技场馆设施设备规划决策的方案论证中,应追求电子竞技场馆设施设备寿命周期费用最经济,而不是只考虑购买或使用某阶段的经济性。当然,还要考虑电子竞技场馆设施设备的综合效率。

二是构建先进的电子竞技场馆设施设备管理模式。随着社会主义市场经济的发展,人们的审美水平和欣赏品位越来越高,电子竞技活动的种类极大丰富,质量越来越高,市场竞争进一步加剧,这就要求及时构建能够满足场馆设施设备运行服务及发展的先进、适用的电子竞技场馆设施设备管理模式。

三是加强电子竞技场馆设施设备的维护工作,以保证服务经营活动的连续性。电子竞技场馆设施设备管理的日常工作主要是场馆设施设备维护工作,它是电子竞技场馆设施设备管理的重要环节。

四是加强电子竞技场馆设施设备的经济管理和组织管理工作。这是实现场馆设施设备的规范化与系统化管理的重要保障。

根据现代管理的理念,设施设备管理是一项系统工程,是对设施设备的"一生"进行全过程的综合管理,包括从设施设备的技术开发、编制规划、研究、方案论证、定型、设计、制造、安装、调试(试运行)、使用、维修、改造、更新直至废弃的全过程。因此,设施设备管理就是以设施设备的"一生"为出发点,通过计划、组织、指挥、协调、控制实施对设施设备的高效管理,最终达到设施设备寿命周期最长、费用最经济、安全可靠、综合效率最高的目的。

设施设备管理基本上可分为前期管理和后期管理两大部分。电子竞技场馆设施设备前期管理的重要内容是开发设计应符合相关行业标准,如《体育建筑设计规范》,后期管理则以使用、维护为主。

2. 电子竞技场馆设施设备的分类与特点

随着社会经济的发展和现代科技的进步,电子竞技场馆设施设备的种类日益增多,新型产品纷纷涌现,不断向更完备、更先进的多样化、综合化方向发展。这不仅使人们对场馆设施设备的功能需求不断提高,也对场馆设施设备的管理提出了更高的要求。场馆设施设备管理除了具有设施设备的特定性、固定性、多样化、综合性和系统化等特点外,一般还具有以下特点。

设施设备管理受到的约束较多,具有明显的限制性。设施设备管理工作只能在原有房屋建筑的物业基础上进行,创造性较低,且工作不能超越特定的环境条件。

设施设备管理需要安全运行。无论是竞技活动还是文艺活动或会展,场馆都是人员聚集的地方,人身安全问题尤其突出。而各类活动的特点决定了不应发生影响活动进行的任何设施设备事故。因此,体育场馆设施设备的管理不仅要保证技术性能的安全发挥,还要及时发现隐患,避免事故的发生,并尽可能延长设施设备的合理使用年限,提高设施设备的使用效益。

设施设备的管理被认为是物业管理的基础,而电子竞技场馆的设施设备管理有自身的特点。电子竞技场馆的设施设备的服务对象与普通物业管理的服务对象有很大的不同,无论竞技比赛还是文艺演出,对器材设备和设施都有严格的要求,而场馆涉及众多的观众,安全性和在公众中产生的社会影响都给场馆工作带来极大的压力。因此,电子竞技场馆设施设备管理要科学、细致,要有很高的管理水准,既不漏掉任何一种设施设备,还要保证每一种设施设备的具体管理内容科学严谨。

设施设备管理的目的是为其正常运行提供可靠的条件和保证。在比赛、会展和文艺演出等期间,设施设备的"零故障"成为电子竞技场馆设备管理者追求的目标。为此,要在场馆中推行现代管理理念,在日常经营中使用现代管理方法对设施设备实行安全、高效的管理。

要完全消除物质系统的潜在危险是不可能的,而导致人的不安全行为的因素又非常之多,并且不安全状态与不安全行为往往又是相互关联的,很多不安全状态(机器设备的不安全状态)可以导致人的不安全行为,而人的不安全行为又会引起或扩大不安全状态。此外,任何事故的发生都是一个动态过程,即人与物的状态都是随时间的变化而变化的,事故的形成和发展是时间的函数。所以,加强安全管理是非常必要的。安全管理做得好,不安全状态与不安全行为就会相应减少;反之,则会使不安全状态和不安全行为增加,有时甚至会成为发生事故的根本原因。

《安全生产法》对设备、设施的安全保障要求做了明确规定。生产经营单位的生产经营场所以及有关的设备、设施应有完备的安全装置和明显的安全警示标志;有关的安全设备的设计、制造、安装、使用、维护必须符合国家标准或有关行业标准,特种设备必须由指定的专业生产厂家生产并取得安全许可证才能投入使用;应按有关规定加强对设备、设施的维护与检测管理,淘汰不安全的设备、设施,以确保生产经营场所及有关设备、设施的安全。

电子竞技场馆设施设备的分类与特点如下。

1)基础设施类

(1)看台。座椅是看台的重要内容。看台是聚集观众的地方,除了要有合理的观看视角和舒适性外,更重要的是保证疏散安全,相应的管理要以此为中心。看台按照功能可分为主席台、包厢、记者席、评论员席、运动员席、一般观众席、残障观众席。座椅按照舒适程度可分为移动扶手软椅、移动软椅、有背软椅、有背硬椅、无背方凳(条凳)(图4-1)。场馆看台座席一般由固定座席和活动看台两部分组成。活动看台负责调节场地以变换功能布局,包括推拉式、整体移动式、翻转式等。

(2)辅助用房。场馆辅助用房包括观众用房、运动员用房、竞赛管理用房、媒体用房、办公用房、技术设备用房和安保用房等,其功能布局应满足比赛要求,具有通用性和灵活

◆图 4-1　看台的座椅

性,便于使用和管理,易于解决平时与赛时各类用房的利用问题。办公室应配置办公桌椅、电脑、电话、纸、笔、打印机、复印机等,可作为场馆管理、赛事控制及场地服务的场所。会议室应配置会议长桌、沙发、液晶电视、白板等,可作为会议商讨、合作洽谈的场所。设备间包括灯光控制、消防控制、变配电等设备。库房宜用于存放设备器材等。应设置公共卫生间,并及时维护清洁,保证其环境卫生。

(3) 供配电。包括变压器、高低压配电柜、发电机组、公共照明及线路等。在供电水平和质量较差的地区,可能偶尔进行重要的国内、国际单项比赛,当有大型的演出活动时,对于备用电源也允许采用临时增设应急发电机组的方式解决。为了减少变压器空载损耗,大型比赛的计时、记分装置和为大型演出用电提供的专用变压器平时可以切断。弱电系统的接地不要采用共享接地的方法。共享接地是导致弱电系统不安全的根本原因,要采用专用接地系统,并且接地体与建筑物的接地体的距离要大于 25m。

(4) 消防。包括消防控制中心、报警系统、喷淋系统、自动灭火系统、防排烟系统、消防水泵、消火栓等。

(5) 空调。电子竞技场馆的空调系统分为集中式空调和分布式空调两大类。集中式空调系统具有集中管理、大型设备能效高、可减少装机容量、可互为备用等优点,但如果不进行比赛,仅作为附属用房使用时,则系统运行极为不节能或空调系统根本开不起来。分布式空调系统具有运行灵活、无机房的优点,但也有设备能效低、系统装机容量大、系统投资大等缺点。空调冷源按工作原理可分为压缩式制冷机和吸收式制冷机。按冷源设施布置的情况可分为中央空调和独立空调等。空调系统包括冷水机组、空气调节处理设施、冷却水系统、电气控制等部分,安装位置和安装方式要考虑空调的工作效率、美观程度、安全性及噪声、滴水等内容。

(6) 采暖。包括热水供暖、热风供暖、蒸汽供暖等。

(7) 给排水。给水系统主要包括浇洒给水、消防给水、生活给水、直饮水等;排水系统主要包括生活污水排放、径流雨水排放和雨水集蓄利用等,污水和雨水要分流排放。其中最重要的是场地浇洒给水系统和径流雨水排放系统。给排水设施主要包括给水泵房（包括机房、水池、水箱）、供水管路、供水管上闸阀以及场地喷头、排水管渠、盲沟、检查井等附属构筑物。

（8）照明。照明是提供光的系统，是体育场馆光环境的重要组成部分。按功能需求可分为场地照明、一般照明、观众席照明、应急照明、建筑立面照明及道路照明等，其中最重要的是场地照明（比赛照明），按比赛项目和级别标准可分为比赛时照明、训练时照明、电视直播照明、平时照明等。电子竞技场馆照明的常见形式有天然采光、人工照明以及天然采光兼人工照明三种类型，场馆通常具有灯具回路多、功率大、布灯分散的特点，使用时需要不同的场景以满足不同场合的功能需求（图4-2）。

◆图4-2 太空世界场景

（9）电梯。包括直升式电梯、扶梯、电动人行通道、杂物梯等，其安全性和规范性是管理重点。

（10）电信和智能化系统。包括比赛信息处理系统、停车场管理系统、对讲可视系统、周界报警系统、巡更系统、公共信息系统、信息网络系统、广播系统、室内报警系统等。

2）专业设施类

（1）信息展示和咨询服务。应安装LED显示屏、易拉宝、海报、台卡等，及时提供包括商品促销、赛事宣传、活动信息、场馆通知等相关信息服务；应设立服务前台，前台上应摆放宣传册、传单等便携材料；服务前台应配置电话，提供咨询、预约、投诉服务；前台上摆放的便携材料应使用规范的文字，且应注意及时更新。

（2）前台收费服务。电子显示屏提供收费标准、新品推介、促销活动等信息；收银机提供面向服务人员和顾客的双显示屏，收费透明，应支持扫码支付和银行卡刷卡支付服务，以及笔、便笺纸等工具（图4-3）。

（3）休闲餐饮区。电子竞技场馆运营方应为顾客在场馆内休闲及等候提供良好的环境，并设置以下设施。

- 吧台：设置操作台、水池和水吧等相关设备设施。
- 厨房：设置操作台、水池、净水设备、制冰机、开水机、冷藏柜、蛋糕柜等相关设备设施。

◆图 4-3　电子竞技馆服务前台

- 提供桌椅、沙发，方便顾客等候和享用餐饮。
- 设置书报架，提供书刊、报纸的阅览服务。
- 配备饮水机，提供清洁卫生的饮用水服务。
- 配置无线网络，提供免费上网服务。

（4）上网娱乐区。电子竞技场馆运营方应为顾客个性化的上网需求提供不同的空间，除公共上网区外，其他区域可有选择地建设并设置以下设施。

- 公共上网区：应设置电脑、鼠标、键盘，电子竞技桌椅等。
- 包房。

双人包厢：应配有 2 台电脑设备，可最多容纳 2 人使用。

五人包房：应配有 5 台电脑设备，还可设置供人休息和观战的沙发，可容纳 5 人左右使用。

六人包房：应配有 6 台电脑设备，还可设置供人休息和观战的沙发，可容纳 6 人左右使用。

十人包房：应配有 10 台电脑设备，还可设置供人休息和观战的沙发，可容纳 10 人左右使用。

豪华包房：应配有至少 6 台电脑设备，可设置供人休息和观战的沙发、液晶电视以及桌游、迷你 K 歌间、VR 游戏、娃娃机等，可容纳至少 10 人使用。

（5）比赛区。具备举办电子竞技比赛能力的场馆应设置比赛区，比赛区的服务设备设施包括但不限于以下内容。

- 选手对战区：应以两队相对或并排的桌椅形式呈现，每队不少于 5 台比赛设备，两队对战桌的外立面宜设置 2 块选手屏（图 4-4）。
- 观赛大屏：应至少设置 1 块观赛主屏和若干辅屏，用于显示比赛实况、赛事信息、战绩、选手、主播等文字或影像内容（图 4-5）。
- 灯光音响摄影区：应可俯视或直观全场。
- 观众席：应区分观众座席、嘉宾座席、媒体座席、工作人员座席等，并设置活动座

◆ 图 4-4 选手对战区

◆ 图 4-5 观赛大屏

  椅和固定座椅,席位数根据场馆的可容纳人数设置。
- 主播间:应具备赛事直播的功能,包括但不限于以下内容。

  应至少配置 2 台比赛电脑、远红外高清摄像头、电容麦克风、监听耳机、麦克风、专业摄影棚、灯罩、摄影机和面光灯等设备;可设置玻璃墙,具备可视且隔音的效果。
- 导播室:应具备赛事直转播所需的设备设施,包括 4K 信道摄像机、游机、导播间设备、光纤传输系统、通话系统、矩阵、导播切换系统、周边接口、音频、网络设备、在线图文包装及慢动作设备、调色系统等。
- 化妆间:配置立式镜子、化妆台等相关设备设施。
- 新闻媒体区:媒体人员进行新闻收集、新闻编辑、网页宣传、媒体专访的场所,应配置电脑、桌椅、纸、笔等。
- 贵宾休息室:应配置沙发、桌椅、液晶电视。
- 选手训练室:应配置不少于 5 台的赛事指定训练用电脑、1 台液晶电视、1 块白板。
- 医务室:应配置体检设备、急救设备及相关常用药物。

(6)互动体验区。具有充足空间的场馆可设置互动体验区,互动体验区的服务设施设备包括但不限于以下内容。

- 游戏游艺区：配置主机电子竞技、移动电子竞技等设备，宜提供街机、娃娃机、桌游、迷你 K 歌间、飞镖、台球、射箭、保龄球等游戏游艺项目设施。

VR 体验区：宜提供体感电子竞技、VR 电子竞技、3D 观影等体验项目设施。

现场活动区：宜提供 cosplay 展示、拍照等服务设施。

- 周边展示区：宜提供招商展示、周边产品、衍生品展示和交易等服务设施（图 4-6）。

◆图 4-6　周边展示区

（7）公共标识设置。场馆应提供风格统一、便于识别、布局连续的引导性、警示性以及告知性等标识，为顾客提供服务引导和提示。

（8）服务环境。应随时保持场馆内外环境整洁，地面无废弃物，及时清除场馆内的所有垃圾和污垢，每天应对地面、墙面和为顾客提供的公共设施设备进行清洁、消毒。场馆内应张贴醒目的禁烟标志，有条件的场馆宜设置吸烟室，吸烟室应及时清扫，避免烟头、烟灰污染其他地方。场馆内应具备舒适、清晰、节能、安全的光环境，灯光布置应满足防眩光和控制干扰光的需要，并配备应急照明设施。

4.1.2　电子竞技场馆设施设备的保养维护

没有保养和修理，任何设施设备管理理论都会成为空谈，设施设备维护在设施设备管理工作中显得尤为重要与现实。电子竞技场馆设施设备的保养维护是其管理的重要组成部分，直接决定着设施设备的完好率和使用寿命，也影响到电子竞技场馆的经营成本和整体经济效益。合理地保养维护电子竞技场馆设施设备，不仅可以节约和持续利用现有资源，还可以为电子竞技运动的开展提供一个舒适的环境。

维护保养工作要求坚持做到"三好、四会、五良好"。"三好"指对设施设备用好、修好、管理好；"四会"指对设施设备会使用、会保养、会检查、会排除故障；"五良好"指设施设备使用性能良好、密封良好、润滑良好、坚固良好、调整良好。对主要设施设备采用预防性维修，防止设施设备出现故障，对一般设施设备做好日常维修保养。

1. 电子竞技场馆设施设备的保养

1）维护保养的内容

① 清洁。空气中的灰尘进入设备会加快设备的磨损和引起局部的堵塞,还会造成润滑剂的恶化和设备的锈蚀,致使设备的技术性能下降、噪声增加,所以设备的清洁工作看似简单,实际上是维护保养工作中很重要的一个环节。

以电脑设备为例,显示器、键盘、主机箱等部位长时间运行后会被灰尘、污垢堵塞,换热效率降低,运行效果变差,要是不注意清洗,就容易造成灰尘阻塞风扇而导致风扇停转,轻则造成电脑在运行程序时经常死机或者无故重启,引起数据资料的损失;重则烧毁机器硬件,引起经济上不必要的损失。键盘、鼠标等外设上会聚集多种致病细菌,定期对电脑内外进行全面的清洁,保障电脑和人的双重健康是很有必要的。

清洁电脑需要用到电脑键盘清洁设备、电脑主板去污喷枪、电脑主板除尘机、键盘清洁剂、液晶屏护理套装、主板清洁剂、防静电手套及防静电腕带等。

在确认电脑运行正常后,首先切断电脑电源,将台式机主机移至空间稍大处;佩带防静电手腕和手套将机箱打开进行初步吸尘,用专用强力除尘设备将电脑外围机箱内部的灰尘吸尽,对电脑内机吸尘时不要触碰到内部组件;调试好去污喷枪的压力,加入电脑主板清洁剂,先试喷,要求清洁剂雾化效果良好,无水滴出现即可使用电动去污清洗喷枪将电路板清洁药剂喷到机箱内;在键盘表面先喷洒少许键盘专用中性清洁剂(喷洒次数视键盘污垢程度而定,遵循少量多次的原则),将电脑键盘专用清洁机电源连接好,将键盘、鼠标等清洁干净;恢复电脑各部件的正确连接,最后用液晶屏护理套装对电脑屏幕进行喷洒,用附带的专用擦布对其进行擦拭。

需要注意的是,品牌电脑在保修期内是不允许用户自行打开机箱维护的,擅自打开机箱可能会失去一些厂商提供的保修权利,故要注意查看是否已过保修期或需要权衡清洁和保修的利弊关系;电脑属于精密的电器,内部各部件都要轻拿轻放;还原中用螺丝固定各部件时,应首先对准部件的位置,然后再上紧螺丝,尤其是主板,略有位置偏差就可能导致插卡接触不良;主板安装不平可能会导致内条条、适配卡接触不良甚至造成短路,天长日久甚至会发生形变而导致故障发生;尽量断开所有电源(需要说明的是,上述清洁办法虽然可以带电清洁,但若能够切断电源,则应尽量切断电源);在打开机箱之前,佩戴防静电手腕、手套,释放工作人员身上的静电;不要穿容易与地毯磨擦而产生静电的胶鞋在各类地毯上行走;保持一定的湿度,空气干燥也容易产生静电,理想湿度应为50%左右。

② 紧固。设备运转相当一段时间后,因多次启停和运行时的震动,地脚螺栓和其他连接部分的坚固件可能会发生松动,随之导致设备的更大震动直到螺帽脱落、连接尺寸错位、设备位移以及密封面接触不严等故障,因此必须经常检查设备的紧固程度。在紧固件调正时,应用力均匀恰当,紧固顺序应按规定进行,确保紧固有效。

③ 润滑。润滑管理是正确使用和维护设备的重要环节。润滑油的型号、品种、质量、润滑方式、油压、油位及加油量等都有严格的规定。润滑管理要求做到"五定",即定人、定质、定时、定点、定量,并制定相应的润滑管理制度,建立润滑站、润滑卡。此外,对设备的清洗、换油也应有合理的计划,确保润滑管理工作的正常开展。

④ 调整。设备零部件之间的相对位置及间隙是有其科学规定的,因设备的震动等因素,零部件之间的相对尺寸会发生变化,容易产生不正常的错位和碰撞,造成设备的磨损、发热、噪声、震动甚至损坏,因此必须对有关的位置、间隙尺寸做定量的管理,定时测量、调正,并在调正以后再加以紧固。

⑤ 外观表面检查。指从设备的外观做目视或测量观察、检查,包括设备的外表面有无损伤裂痕;磨损是否在允许的范围内;温度压力运行参数是否正常;电机有无超载或过热;传动皮带有无断裂或脱落;震动和噪声有无异常;设备密封面有无泄漏;设备油漆有无脱落,外表面有无锈蚀;设备的防腐、保温层有无损坏。

同时,对不同类型的设备,应根据其使用特点采取不同的维护保养方式。例如空调设备应在季节变化之前进行检查保养;水箱类设备需要定期清洗、换水等。

2) 维护保养的方式

① 日常维护保养工作。要求设备操作人员在班前对设备进行外观检查;在班中按操作规程操作设备,定时巡视、记录各运行参数,随时注意运行中有无异声、震动、异味、超载等现象;在班后对设备做好清洁工作。在冬天,如果设备即将停用,则应做好停运后的观察保养。日常维护保养工作是设备维护管理的基础,应该坚持实施,并做到制度化,特别是在周末或节假日前更应注意。

② 定期维护保养工作。定期维护保养以操作人员为主、检查人员协助的方式进行,它是有计划地将设备停止运行,进行维护保养。根据设备的用途、结构复杂程度、维护工作量以及人员的技术水平等决定维护的整个周期和维护停机时间。

定期维护保养工作需要对设备进行部分解体,做好以下工作:彻底内外清扫、擦洗、疏通;检查运动部件运转是否灵活及其磨损情况,调整配合间隙;检查安全装置;检查润滑系统油路和油过滤器有无堵塞;检查油箱和油位指示器,换油;检查电器线路和自动控制的元器件的动作是否正常。设备的定期维护保养能够消除事故隐患,减少磨损,延长寿命,发挥设备的技术功能和经济特性。

3) 设备点检

设备的点检是指对设备进行有针对性的检查。一些主要的设备在出厂时,制造厂商会提供该设备的点检卡或者点检规程,其内容包括检查内容、检查方法、检查周期以及检查标准等。设备点检时可按制造厂商指定的点检点和点检方式进行工作,也可根据各自的经验补充一些点检。设备点检时可以停机检查,也可以随机检查。检查时可以通过听、看、摸、闻等方式或仪器仪表进行诊断。通过设备的点检可以掌握设备的性能、精度、磨损等情况,及时清除隐患,防止突发事故,不但保证了设备的正常运行,又为计划检修提供了正确的信息依据。

设备的点检包括日常点检和计划点检。设备的日常点检指由操作人员随机检查,内容主要包括运行状态及参数,安全保护装置,易磨损的零部件,易污染堵塞及需要经常清洗更换的部件,在运行中经常要求调整的部位,在运行中出现不正常现象的部位。

设备的计划点检一般以专业维修人员为主、操作人员协助的方式进行,计划点检应该使用先进的仪器设备和手段,可以得到正确可靠的点检结果。计划点检的内容主要包括记录设备的磨损情况,发现其他异常情况;更换零部件;确定修理的部位、部件及修理时间;安排检修计划。

设备点检制是以点检为中心的设备维修管理体制,这种制度被广泛地应用于实行TPM的企业,是现代设备管理中比较科学的一种管理制度和管理方法。专职点检人员负责设备的点检,同时负责设备管理,是操作和维修之间的桥梁与核心。点检员对其管理区内的设备负有全权责任,应严格遵守标准进行点检,制定维修标准、编制点检计划、检修计划、管理检修工程、编制材料计划及维修费用的预算。点检体系由五方面组成:岗位操作人员的日常点检、专业点检人员的定期点检、专业技术人员的精密点检、专家的技术诊断和倾向性诊断、技术专家的精度测试检查。

点检工作对专业点检人员的要求很高,要求其具有相当的专业知识和实际工作经验,掌握各种技术和管理标准,能制定维修计划、材料计划、资金预算,分析故障及处理意见,提出改善设备的对策等,制定设备点检作业卡、周点检计划卡、长期点检计划表等,使点检成为标准作业。

点检制有"三位一体"及五层防护线的概念,"三位一体"指岗位操作员的日常点检、专业点检员的定期点检、专业技术人员的精密点检三者结合的点检制度;五层防护线如下:第一层防护线是岗位操作员的日常点检;第二层防护线是专业点检员的定期点检;第三层防护线是专业技术人员的精密点检;第四层防护线是对出现的问题进一步通过技术诊断找出原因及对策;第五层防护线是每半年或一年的精密检测。

点检制的特点就是"八定"。

- 定人:设立兼职和专职的点检员。
- 定点:明确设备故障点,明确点检部位、项目和内容。
- 定量:对劣化侧向的定量化测定。
- 定周期:对不同设备、不同设备故障点给出不同点检周期。
- 定标准:给出每个点检部位是否正常的依据。
- 定计划:做出作业卡,指导点检员沿规定的路线作业。
- 定记录:制定固定的记录格式。
- 定流程:制定点检作业和点检结果的处理程序。

4)设备的自主保养

设备的直接应用涉及两方面的人员:一是生产使用人员,二是保养维修人员。如果两方面的人员都把自己看作各自孤立的一方——我们是生产者,只管使用;你们是维修保养者,设备的好坏由你们负责——这样当然不会产生好的结果。生产使用和维修保养是一个整体的两方面,只有二者互相配合,才能充分发挥出设备的效能。生产使用部门并不是只管生产和使用就够了,也应承担起设备保养的基础工作,即"防止劣化的活动"。只有生产使用部门搞好"防止劣化的活动",维修保养部门才能发挥出其所承担的专职保养工作的真正作用,才能使设备得到真正有效的保养。可以把生产使用部门进行的以"防止设备劣化"为中心的保养活动叫作"全员参加的自主保养活动",通常称为自主保养。在自主保养活动中,为了充分发挥设备的能力,必须实行"自己的设备由自己管理",要做一个不仅会操作设备,还会保养设备的人。因此,操作人员还必须具备以下能力。

一是能发现异常的能力。能发现设备异常,并不单纯是已产生了故障或产生不良时才发现异常,而是当似乎要发生故障或产生不良时,能对这些故障的产生原因一目了然,这才是真正的"发现异常的能力"。

二是能正确、迅速地处理异常的能力(处理复原能力)。对于已发现的异常现象,要能及时使之恢复至原来的正确状态,发挥设备本来的功能,而且能根据异常的程度决定是否向上级及维修保养部门报告。

三是条件设定的能力。发现异常的能力常常取决于人的水平和经验,由于水平和经验的不同,就可能影响对异常的发现。为了防止出现这种现象,就应该决定一个确定的量,以判断设备是否正常。判断基准应定量,以温度为例,其定量应确定为"应在××摄氏度以下",而不能模糊地描述为"不得有异常的发热"。这里要强调的是,与其重视判断基准的正确度而延迟了执行,还不如先制定一条临时基准,再多次修正,以制定出更合适的基准,这种方法更具现实意义。

四是维持管理的能力。设备发生了故障再维修总没有预防在先好,为此,就必须确实地遵守既定标准,例如"清扫、加油标准""自主检查标准"等。能力的形成主要靠工作中的不断学习和积累,因此工作本身就是一种学习,能力的不断提高可以取得更多的工作成果,这三者之间是相互依存、相互促进的关系。

从自主保养的过程来看,可分为7个步骤:初期清扫;寻找发生源、困难部位的对策;编写清扫、加油基准;综合检查;自主检查;整理、整顿;自主管理的彻底化。

2. 电子竞技场馆设备的修理

1) 设备的计划检修

对于在用设备,根据运行规律及计划点检的结果可以确定其检修间隔期,以检修间隔期为基础编制检修计划,对设备进行预防件修理,这就是计划检修。实行计划检修,可以在设备发生故障之前就对它进行修理,使设备一直处于完好能用的状态。根据设备检修的部位、修理工作量及修理费用的不同,计划检修工作一般分为小修、中修、大修和系统大修。

小修。主要是清洗、更换和修复少量易损件,并做适当的调整、紧固和润滑工作。小修一般由维修人员负责,操作人员协助。

中修。除小修内容之外,对设备的主要零部件进行局部修复和更换。

大修。对设备进行局部或全部的解体,修复或更换磨损及锈蚀的零部件,力求使设备恢复到原有的技术特性。在修理时,也可结合技术进步的条件对设备进行技术改造。

中修、大修应由专业检修人员负责,操作人员只能做一些辅助性的协助工作。

系统大修。这种检修方式是一个系统或几个系统甚至整个物业设备系统的停机大检修。系统大修的范围很广,通常将所存设备和相应的管道、阀门、电器系统及控制系统都安排在系统大修中进行检修。在系统大修过程中,所有的相关专业检修人员以及操作人员、技术管理人员都应参加。

设备的计划检修不能绝对消除计划外检修(偶然性的故障抢修和意外事故的恢复性检修),但如果认真贯彻各项操作规程和规章制度,认真完成设备的日常维修和计划检修工作,那么计划外的检修是可以减少或者避免的。

2）抢修

建立适合于电子竞技场馆特点的设备维修保养方案,要遵循"安全、经济、合理、实用"的原则,有计划、有步骤地进行,做好设备的预防性维修保养,将设备故障隐患消灭在萌芽状态,才能更好地保障场馆举办的各种社会活动的顺利进行。但无论如何,也应考虑现场各种特殊情况的出现,必需的设施设备故障应急预案有:供电突发性事故的应急措施、中央空调系统应急处理方案、电梯故障应急处理方案、故障或停电困人救援方法、液化气泄漏应急预案、水浸应急预案、抢修服务工作程序、严重漏水泄水应急措施等。

3）经验维修与规范维修

经验维修是最常见的维修方式,维修人员依据过去的维修经验进行检查或诊断故障,检修时间快,但人员因素影响很大。经验是优秀的维修人员的必备条件,在维修行业得到认可。在面对维护要求越来越高的现代设施设备时,经验不足是普遍现象,经验维修方式常常无力应对复杂多样的现代设备。科学规范维修则是经验维修的继承和发扬,它把维修纳入了科学严谨的轨道,是先进有效的维修方式。

经验维修是一项很有效的工作方式,通过积累维护经验可以在排故过程中少走弯路,找到快捷有效的方法。例如总结更换部件过程使用的工具及更换的先后次序,下次再次更换时就会优化程序,缩短时间。但是现代设备都是机械和电气综合的机电设备,一旦出现故障,判断的难度也大幅提高,依靠以前的经验维护往往花费大量的时间也不一定能排除故障。因为经验代替不了科学的分析检查,所以经验维修在现代设备维护中的作用降低,只有在经验维修中注入科学规范才能更好地发挥它的作用。科学规范维修是现代设备维护的根本方法,这要求每一位维护人员必须提高自己的业务理论水平,坚持以科学规范的维修态度和方法维护设备,才能保证设备的安全。科学规范维修是经验维修的升华,它以严谨科学的维护方式对待设备问题。

4）维修工程的管理

内部维修。维修主管部门应根据年度检修计划及设施、设备运行情况填写《维修工程审批表》,制定维修方案及预算,上报审批。维修主管组织维修人员按照设备维修操作规程进行维修。设备维修完成后,维修主管应及时组织设备责任人及值班人员进行试运行。设备鉴定标准参照国家部级行业验收规范执行,维修内容及结果应详细记录在《设施维修保养记录表》中。

委外维修。合同内的保修或难以处理的问题应由专业供货方或其他专业厂商解决。外方检修时,维修主管部门应在施工现场设置标志,并要求检修人员或单位做好围挡或安全护栏。维修主管部门对施工现场要进行监督检查。如果需要将设施设备业务实行外包管理,就应选择在服务质量和服务价格方面均满足企业需要的合格承包方。

维修的监督。维修主管部门定期全面检查和监督保养维修工作,发现问题后及时处理,并记录在相应的表格中。日检、周检、月检、年度检查和委外检修都应有专门的记录。将设备及设备检修情况、重要零部件更换情况在档案中予以记录,并在相应的《设施维修保养记录表》中予以记录,以便今后维修工作的开展。应设专人负责保存必要的、与运行设备设施相符合的技术图纸、产品说明书及相关资料,以便系统、历史地掌握设备状态。

4.1.3 电子竞技场馆场地维护

场地维护的目的主要有两点,一是改善外观,及时去除日常使用中所产生的污垢,使场地充分展现其非凡外观及自然光泽度;二是保护地板,使弹性地板免受化学品、烟头、鞋印、油和水等的侵蚀,将表面的机械磨损降至最低限度,使地板本身的耐用性得以充分发挥,从而延长地板的使用寿命。

1. 电子竞技场馆塑胶类场地的维护

塑胶运动场地的常见问题主要有面层不按设计要求铺设,塑胶配比严重失调,表层颗粒严重脱离、起泡和分层,塑胶断裂等。

塑胶面层未按设计要求铺设。针对塑胶面层的铺设,一是要加强招投标的管理,选择信誉高、工程业绩好、通过 ISO 认证的企业;二是铺设面层时要严格按照设计要求进行施工,还要加强施工的监理。

塑胶表层颗粒严重脱离。在铺设田径场地的塑胶跑道时,为防止颗粒脱落,可采用二次铺设合成工艺,这种方法能保证 95% 的颗粒不会脱落。

塑胶运动场地起泡、分层和塑胶断裂。塑胶运动场地的维护要严格按照塑胶场地施工工艺规范进行施工。

2. 电子竞技场馆 PVC 地板场地的维护

PVC 地板在 21 世纪初进入中国市场,在发达城市已经大面积流行。PVC 地板是软质地板中最常用、最普及的地板,具有维护方便、环保再生、防滑、防火、防水、吸音等优点。

定期清洁保养需要先进行推尘或吸尘器吸尘,地板清洁上光剂按 1∶20 兑水稀释,进行拖地或配合高速抛光机加红色磨片进行磨洗,之后上 1~2 层的高强面蜡。视需要可以配合高速抛光机加白色抛光垫进行抛光处理。

处理局部油污,可以将水性除油剂原液直接倒在毛巾上擦拭;处理大面积油污,可以将水性除油剂按 1∶10 兑水稀释后,用擦地机加红色磨片低速清洁。

处理黑胶印,可以用喷洁保养蜡配合高速抛光机加白色抛光垫进行抛光处理。对于时间比较长的黑胶印,可以将强力黑胶印去除剂直接倒在毛巾上擦拭处理。

处理胶或口香糖,可以将专业的强力除胶剂直接倒在毛巾上擦拭去除。

3. 电子竞技场馆木地板类场地的维护

应注意易燃、易爆物体不宜放在木地板场内,使用后应及时清理保养,倘若油渍、胶漆等存色物质粘在场地面层上,要及时清理,尤其要注意环境卫生。

竣工后要彻底清扫或吸尘,施打两层高品质地蜡,施工后至少五日内不用大量水清洗,以防止水分渗入,影响接缝及胶水黏着。

使用前用中性清洗剂和刷子刷洗地板,彻底清洗及干燥,施打 3~5 层高品质地蜡,在人流量较高、污垢较多或污染可能性较大的区域可多打几次。

日常保养维护要做到每天清扫及吸尘,如有需要,以中性清洗剂湿拖或以机器低速清洗,施打3~5层地蜡,并用软皮擦亮,也可进行喷蜡或抛光,以保持地板的光泽。

不要使用太多的水和碱性太强的洗涤剂;立即擦拭洒落在地板上的化学药品或具有很强作用的洗涤溶剂;沉重的器具尖脚处应垫地板保护片,以缓和压力;在地板表面涂蜡前,一定要将地板处理干净;乱扔烟头等现象应严格禁止。

4. 电子竞技场馆地毯类场地的维护

地毯即使经常以吸尘器除尘,也会因长期踩踏、液体溅湿与潮湿的气候而容易藏有脏污或地虱,此时,可配合地毯清洁剂进行清洁保养。使用前,最好先将窗户打开,避免清洁剂的味道滞留在室内。

使用地毯清洁剂非常方便,只要将清洁剂喷洒于地毯表面即可。但切不要弄得太湿,以免弄湿了衬背,使地毯很难干燥且易褪色。待污垢与地毯表面分离后,此时地毯上会浮现出一点一点的白色棉絮物,用一般的吸尘器吸除分离物即可,不需要再用水清洗。

总而言之,不论是何种材质的场地,清扫前都要先把饮料瓶等异物捡拾起来,再用扫把、吸尘器或除尘拖把将地板表面、设备下方及角落的灰尘、毛发、蜘蛛网除去,特别是通向场地外的玄关和大门口,大部分的脏污灰尘都是从此处而来的。

特殊污渍的清理可分为以下几类:油渍、油漆、油墨等残渍可使用专用去渍油擦拭;血迹、果汁、红酒、啤酒等残渍可用湿抹布或用抹布蘸上适量的地板清洁剂擦拭;蜡和口香糖可用冰块使之冷冻收缩,然后轻轻刮起,再用湿抹布或用抹布蘸上适量的地板清洁剂擦拭。

4.1.4 电子竞技场馆无形资产管理

随着科学技术的不断发展,社会生产力水平的日益提高,产品和劳务中物质的比重不断下降,知识和信息的比重逐步上升,智力资本、无形资产在现代社会中的价值日益突出。无形资产是在生产、经营和管理过程中不具有实物形态的非货币资产,包括商誉、专利权、非专利技术、商标权、著作权、土地使用权和特许经营权等。无形资产是有形资产增值的有力杠杆,通过技术创新、品牌战略等手段将无形资产直接转换为生产力,可以加速和放大有形资产的作用,提高生产效率,节约资源,起到有形资产不可替代的作用。

电子竞技无形资产指的是电子竞技市场和电子竞技运动过程中出现的所有不具有实物形态、非货币的资产组成的集合,这些资产经过其所有者和使用者在电子竞技市场中的开发、利用,能够在一定时间内带来一定程度的经济效益。无形资产的价值并非一成不变,它是在各种内外部因素的共同作用下不断变化的。

电子竞技场馆无形资产是指依附在场馆及其相关设施上、不具有实物形态、能持续地为场馆所有者和经营者带来经济效益的资产。电子竞技场馆无形资产的类型可分为资源型、知识型、权利型和经营型四种。具体来讲,电子竞技场馆无形资产的内容主要包括电子竞技知识产权、电子竞技场馆核心经营技术、电子竞技场馆特许经营权、其他无形资产等。

电子竞技知识产权指的是电子竞技领域内的知识产权。电子竞技知识产权包括电子竞技场馆冠名权、冠杯权、广告发布权、广播电视转播权、标志使用权、电子竞技场馆的域名和声誉等。

电子竞技场馆核心经营技术指的是电子竞技领域中的没有被公开且没有申请专利的、受到的法律保护较低的,但在经营活动中能够创造经济效益的专业知识与技巧。电子竞技场馆核心经营技术的存在形式多种多样,能够让它的所有者与使用者在竞争过程中占据一定的优势。

电子竞技特许经营权主要是指出现在电子竞技领域的各种电子竞技产品、商标等的特许经营权利。

电子竞技场馆无形资产的其他内容主要包括法律、法规规定的或者国际惯例承认的其他电子竞技无形资产。

1. 电子竞技场馆广告发布权

随着电子竞技场馆经营者观念的更新转变,场馆设施内外及周边广告发布权所蕴含的巨大商业价值逐渐被人们认识。除了具备地理位置好、规模大、人流量高等优势外,与同类竞争者(如歌剧院、电影院、大型商场等)相比,电子竞技场馆广告还具有社会渗透力强、宣传成本低等优势。因此,广告主通过租用或购买等方式获得场馆内外及周边广告空间的使用权,可以宣传企业形象,达到塑造和强化品牌、提高消费者忠诚度以及经销商信心等目的。目前已开发的场馆设施的广告空间主要包括场馆设施内外的墙壁、地面、扶梯、过道、围栏、座椅、护栏、灯柱及楼顶等。

2. 电子竞技场馆冠名权开发

电子竞技场馆冠名权是指赞助商通过将自己的名称冠于一个电子竞技场馆或设施上,同时购买或者获取一系列有形与无形的利益。当前,在国外体育发达国家中,各类体育场馆的冠名非常普遍,我国的大型体育场馆冠名权也存在着很大的商机。

目前,我国场馆冠名权开发仍处于初级阶段,已冠名的场馆凤毛麟角。但随着中国体育产业的快速发展,体育与市场结合的日益紧密,冠名权作为体育场馆的重要无形资产正逐渐得到场馆经营者的重视。许多大型国有企业和民营企业也认识到体育场馆冠名不仅可以带来巨大的投资回报,而且还可以与场馆建立密切的伙伴关系,并运用体育场馆冠名策划相关活动,以提升企业形象和知名度。种种迹象表明,一场围绕着场馆冠名权而获得品牌效益和媒体宣传的商业竞争已经展开,体育场馆冠名权已成为众多企业对外展示形象与实力的新手段。

1) 电子竞技场馆冠名权的作用

电子竞技场馆冠名权使企业与电子竞技场馆建立伙伴关系。企业购买了电子竞技场馆冠名权,企业与电子竞技场馆就可以逐渐建立起密切的合作关系,这样一来,购买电子竞技场馆冠名权企业的形象声誉就与电子竞技场馆本身的形象声誉紧密结合在一起了。

电子竞技场馆冠名权这种赞助方式对于企业的宣传效果要超出一般的赞助方式,而这也需要建立在赞助商具有坚实经济实力以及卓越的发展眼光之上。电子竞技场馆冠名权对于冠名企业的宣传推广作用是非常巨大的,它能够让企业自身的品牌得到很大程度上的传播。赞助企业一旦获得了电子竞技场馆的冠名权,那么也就意味着赞助企业与电子竞技场馆之间形成了密切的伙伴关系,电子竞技场馆本身积累的广大消费者也成为赞助企业推广自身产品的良好市场。除此之外,在电子竞技场馆举行赛事或者在日常维护的过程中,往往有很多群体参与其中,无论是电子竞技场馆的服务者还是消费者,这些群体对于赞助企业自身形象的树立都具有非常积极的作用。

电子竞技场馆冠名权是电子竞技市场开发的一项非常重要的内容,企业通过电子竞技场馆的冠名可以为自身的品牌打造出良好的社会知名度,这种形式起到的广告宣传作用是非常显著的,而运作过程中附加的广告效应也非常明显。可以说,电子竞技场馆冠名权当中蕴含的商机是非常巨大的。当前,国外电子竞技场馆冠名权的经营管理模式主要是体现为将电子竞技场馆的整体冠名权进行包装与销售,之后电子竞技场馆冠名权的开发方式产生了一定的变化。

首先,一些主赞助商与次级赞助商之间开展了较为有效的合作。次级赞助商拥有馈赠的产品与服务,他们往往具有非常强烈的主观意愿与主赞助商(冠名者)和场馆资产所有者建立良好的合作关系,这并不需要直接与场馆资产所有者签署相关的合作协议。通过这种方式,主赞助商能够在购买电子竞技场馆冠名权时减轻一定的财政负担。其次,在注重电子竞技场馆整体冠名权开发的同时,很多电子竞技场馆还推出了两种新的冠名权形式,即电子竞技场馆内部冠名权与电子竞技场馆外部冠名权,这两种形式的冠名权都能够为冠名企业带来非常巨大的经济利益。电子竞技场馆的冠名权具有非常出色的宣传效果,企业通过冠名所获的回报也是非常巨大的。

2)电子竞技场馆无形资产评估——以冠名权为例

电子竞技场馆无形资产评估是场馆无形资产开发的前提和关键。只有建立科学的评估体系,准确地为场馆无形资产价值进行评估,才能更好地开发场馆的无形资产。冠名权是体育场馆无形资产的核心部分,下面以冠名权为例介绍体育场馆无形资产评估的具体方法。

国外学者围绕体育场馆冠名权价值评估进行了研究,提出了多种评估方法,例如通过对比冠名场馆的企业与同一地区内其他竞争企业的业绩,或通过对比企业冠名前后的业绩增长情况,或通过分析对冠名企业在一定时期内的印象指数,并对比该企业其他广告方式的效果等对冠名权价值进行评估。此外,品牌号召力排行榜、股东价值分析(如果市场确实注意到冠名权交易价值,那么冠名企业的股票价格应该上涨)通常都被用作场馆冠名权价值评估的因素。

在评估场馆冠名权价值时,场馆自身因素最为重要,外部环境居其次,而冠名回报条件相对来说较为次要。也就是说,评价一个场馆冠名权价值的高低,应该考虑的主要标准是该场馆的自身因素,尤其是该场馆的媒体曝光情况,以及其当前拥有的大型赛事、文艺表演等活动情况;其次再考虑该场馆所在城市的综合影响力以及场馆周边设施的完善情况等场馆外部环境因素;最后才考虑冠名回报措施及创新程度、冠名权使用期限等冠名回报条件因素。

场馆无形资产的价值与场馆自身因素息息相关。在评估体育场馆冠名权时,要先对场馆自身因素进行测评并按百分制赋分,分值越高则评估价值越高;反之则越低。具体评估标准如下。

- 场馆规模：按座位数量分为四个级别，座位越多，得分越高，总计20分。
- 场馆类型：分为综合性场馆、单一性场馆、其他，总计10分。
- 场馆所处的地理位置：按距离城市中心的远近程度，以5公里为单位，设四个等级，距离越近分数越高，总计20分。
- 场馆配套设施情况：按餐饮、购物等配套设施的完善程度和档次赋分，总计10分。
- 场馆举办体育赛事、文艺表演等活动情况：根据举办体育赛事、文艺表演等活动的级别、场馆年使用率赋分，总计10分。
- 场馆的媒体曝光情况：根据参与媒体数量、报道途径、报道次数、报道级别赋分，总计20分。

场馆的媒体曝光情况、拥有的大型赛事和文艺表演等活动情况、冠名回报措施及创新程度、场馆所在城市的综合影响力以及场馆周边的设施完善情况，是场馆冠名权价值衡量的主要因素。场馆的媒体曝光情况以及拥有的大型赛事、文艺表演等活动情况都是表现场馆自身因素的指标，冠名回报措施及创新程度是体现场馆冠名回报条件的指标，而场馆所在城市的综合影响力和场馆周边的设施完善情况是体现场馆外部环境的指标，这一加权结果基本反映了场馆冠名权价值的内涵和主要标志，具有合理性和良好的可信度，是对场馆冠名权价值做出准确评估的前提。

可以运用市场法评估出场馆冠名权的价值。市场法是指利用市场上同样或类似资产的交易价格，经过直接比较或类比分析估测资产价值的评估方法。可以将国内已经冠名的场馆或者国外冠名案例中的交易价格作为标杆，最终测算出目标场馆冠名权的价值。

3）开发电子竞技场馆冠名权的注意事项

电子竞技场馆冠名权是电子竞技赞助的一种重要形式。电子竞技活动能够吸引大量的民众参与其中，充满动感的电子竞技场馆的广告效应是其他宣传途径无法比拟的。在成功获得一个大型电子竞技场馆的冠名权之后，该企业的品牌名称就可以通过网络、媒体、报刊等多种非常有效的传播途径进行广泛传播，与此同时还能够吸引大批顾客关注与参与，这对于企业品牌的宣传是非常巨大和有效的。

对于不知名的企业品牌而言，通过购买电子竞技场馆冠名权能够在很短的时间内使自己的品牌发扬光大；而对于已经具有相当知名度的品牌而言，通过这种方式还能够进一步增加自身品牌的影响力，并在广大群众当中树立更好的公众形象。与其他电子竞技赞助形式的相通之处在于，电子竞技场馆冠名权合同的成功与双方的诚意密切相关，同时与双方预定目标的可行性与科学性也存在着很大的关联，双方制定的预期目标应当具有能够进行有效的测量与评估、具有很好的可行性、能够取得很好的实际效果、有时间方面的严格限制等特点。

在电子竞技场馆与购买冠名权的企业签署合作协议之前，电子竞技场馆的管理者应该先对冠名企业（赞助商）的产品与具体服务内容进行全方位的调查。通常来讲，电子竞技场馆的管理者应该了解的问题主要包括：冠名赞助商生产的产品与提供的相关服务在社会上是否具有广泛性，面对的客户是否具有相当的数量；电子竞技场馆的服务对象是否具有很好的稳定性；冠名赞助商生产的产品在市场上的具体销售情况，以及产品价格的具体定位、原来销售战略的实施情况与效果。

冠名赞助商在签署业务合同之前,应该首先了解以下几方面的内容:合同的具体有效期;电子竞技场馆的具体规模,还包括电子竞技场馆所在地区人口的基本构成;对于电子竞技场馆冠名权取得的效果与目标有一个基本的预想和构思;电子竞技场馆通常举行的活动与赛事有哪些,是否与企业自身的文化相符。

对于电子竞技场馆的冠名企业来讲,投资的回报方式是应该认真思考的一个问题。签订合同时,合同双方都应该注意一些常规的事项:合同的具体内容与条款应该尽可能使用准确、清晰的语言表达,从而尽量避免合作过程中可能因合同内容不清晰而导致的纠纷;应该考虑到合同双方在履行义务的过程中可能发生的变化,如企业的兼并重组或者企业商标的变化;当赞助商出现破产的状况时,合同双方如何妥善处理有关的财务问题;如果预期的合同款项、电子竞技场馆的组织者没有达成,赞助商没有吸引足够的观众,当发生这种状况时是否应该对合同进行一定的修正。

3. 电子竞技场馆品牌策略

1)电子竞技场馆品牌设计

现代电子竞技场馆品牌的设计主要解决电子竞技场馆品牌的定位问题,即树立一个什么样的电子竞技场馆品牌形象,可以从品牌定位、品牌个性、品牌联想、品牌认同几方面进行设计。品牌的设计对于现代电子竞技场馆来讲具有非常重要的意义。

① 商标设计。商标是从法律角度对电子竞技场馆品牌的保护,属于知识产权。商标从电子竞技场馆品牌的名称、图案、语音三个方面在法律层面上对电子竞技场馆品牌进行界定。商标申请注册后就受到法律保护,未经注册人同意,他人不得擅自使用。具体来讲,商标的设计包括名称设计、标志设计、标准色设计以及标准字体设计等内容。

② 产品设计。电子竞技场馆品牌的基础是服务产品,电子竞技场馆的产品设计是电子竞技场馆品牌设计的主要组成部分。

③ 情感诉求设计。在现代电子竞技场馆竞争中,电子竞技场馆一般可以通过增加资金投入、不断提高员工素质等方法提高电子竞技场馆的产品与服务质量,而电子竞技场馆品牌的社会定位或情感定位则是这些手段所难达到的。不同的顾客往往有着各自不同的需求,而且同一顾客的需求也是不断变化的。随着顾客需求个性化的不断发展,这种群体的社会定位或情感定位就越来越难以把握,这也成为电子竞技场馆品牌设计中最难以程序化的重要原因,是最需要创造力的部分,是电子竞技场馆品牌设计中最具综合性的部分。如果对电子竞技场馆品牌没有进行准确的社会定位或者情感需求定位,就很容易造成体育场馆品牌构成要素之间失去重心,从而不能形成稳定的关系,电子竞技场馆品牌在人们心中就会变得更加模糊,最终造成电子竞技场馆品牌形象的失败。

2)电子竞技场馆品牌传播途径

品牌传播指的是品牌所有者找到自己满足消费者的优势价值所在,通过采取恰当的方式持续地与消费者进行交流,促进消费者的理解、认可、信任和体验,使消费者产生再次购买的愿望,不断维护对该品牌的好感的过程。品牌的传播途径有很多,其中大众传媒途径与人际传播途径是两种常见的传播途径。

① 大众传媒途径。指的是特定的社会集团通过文字(报纸、杂志、书籍)、电波(广播、

电视)、电影等大众传播媒介,以图像、符号等形式向不特定的多数人表达和传递信息的过程。大众传媒途径可以通过文字、图像、声音等符号进行传播,而且拥有广大的受众。

② 人际传播。是人际交往的一个组成部分,主要是指人们传递或者交换知识、意见等社会行为。人际交往的其他方面,如相互认知、相互作用等,都需要通过人际传播的方式最终实现。在品牌传播的过程中,口碑传播是一种最受关注的形式,它是以口头传播为主、以传播者之间的相互信任或密切关系为基础的信息传播方式。

3) 电子竞技场馆品牌保护措施

① 品牌的法律保护。品牌获得法律保护的前提是经过注册获得商标专用权,电子竞技场馆品牌也同样如此。只有经过商标注册而获得了法律上的保证,电子竞技场馆品牌才能得到更有效的保护,这就客观地要求电子竞技场馆树立品牌并强化注册意识,而且在注册商标时应该尽可能地做到商标宽注册、广注册与多样化注册。

② 品牌的经营保护。一般来讲,品牌的经营保护应该主要做到以下几点:保证品牌的品质;坚持成本控制与成本管理;进行价格创新;进行有效的广告宣传;要有品牌危机,并具有相应的防范意识。

③ 品牌是电子竞技场馆重要的无形资产,品牌管理的实质就是品牌资产管理。电子竞技场馆不仅需要有明确的品牌意识,同时还应该具备品牌事务组织与管理机构且配备专门管理人员,应该建立起健全的电子竞技场馆内部品牌管理的各项规章制度,同时还应该明确品牌管理的任务。只有设立专门的组织机构与专门的管理人员,才有可能从电子竞技场馆自身的角度对品牌的竞争状况进行有效的监控,及时发现品牌竞争乏力的问题并采取有效的措施予以解决,从而在一定程度上提高电子竞技场馆的品牌运营效果。

4. 电子竞技场馆无形资产的经营管理措施

1) 重视对电子竞技场馆无形资产的开发

各类电子竞技场馆经营者普遍注重物业出租、场馆出租等传统经营内容,对场馆蕴含的无形资产价值的关注不够。今后,电子竞技场馆管理部门首先要解放思想,在加强场馆有形资产经营管理的同时,提高对场馆无形资产价值的认识,加大开发力度,积极开发包括冠名权在内的无形资产。

2) 重视电子竞技场馆无形资产开发的理论研究和数据积累

目前,国内场馆的无形资产开发刚刚起步,相关理论研究缺乏,因此要加强对场馆无形资产价值评估、回报方式等的研究,积累相关的统计数据,例如场馆赛事活动安排、年人流量、观众年龄、观众性别、观众消费水平、冠名效果评估等。任何市场策略的关键都是抓住最终消费者,因此无论是企业还是场馆所有者,都要以消费者为核心,加强对场馆无形资产的开发和研究。

3) 提高电子竞技场馆的曝光率和使用率

积极引进有影响力的国内外大型电子竞技赛事和文艺表演,大力发展和举办具有中国特色、地方特色的自主品牌的比赛,同时积极引进职业赛事,广泛开展群众性竞赛、娱乐、集会、展览、青少年培训等,努力提高场馆的人流量和曝光率。充分利用电视、报刊、网络等立体多维的宣传手段和机会,大力宣传电子竞技场馆的优势和特点,扩大场馆的知名度,增加媒体曝光率,让更多的企业认识到电子竞技场馆蕴藏的巨大广告效应和商业价值。

4）重视经营中介机构,提升场馆无形资产开发的专业水平

电子竞技场馆的无形资产开发的专业性强,涉及体育、经济、广告、传媒、法律等多门学科,若不借助专业的经营中介机构,则很难使无形资产的开发达到专业水平,从而给开发效益造成影响。经营中介机构包括专业的评估机构,以开展场馆无形资产评估;专业的拍卖公司,以进行公开拍卖,选择实力雄厚、健康向上、公益形象良好、公众认可度高的公司成为场馆冠名企业或合作伙伴。

电子竞技场馆的人员管理

4.2.1　电子竞技场馆的人员结构与岗位编制

1. 电子竞技场馆的人员结构

一般来说,根据各类人力资源与电子竞技场馆经营劳资关系的不同,可将员工划分为编制内人员和临时人员两大类。

1）编制内人员

包括与电子竞技场馆经营活动密切相关的运营行政人员,主要从事与电子竞技场馆长期经营管理活动直接相关的各类管理和服务工作,是场馆运营中稳定而长期的人力资源类型。

① 行政管理人员。主要包括办公室文秘、行政助理等岗位的工作人员,即专门从事行政管理事务的工作人员。电子竞技场馆运营的行政管理工作广义上包括对电子竞技场馆运营中涉及的行政事务、办公事务、人力资源及财产会计等方面的管理工作;狭义上以场馆运营行政部为主,负责行政事务和办公事务。场馆行政管理人员的主要工作一般包括:相关制度的制定和执行推动、日常办公事务管理、办公物品管理、文档资料管理、会议管理、涉外事务管理（涉及出差）、财产设备管理、生活福利管理、车辆管理、安全卫生管理等。所有工作的最终目标是通过各种规章制度和人为努力使部门之间或者关系企业之间形成密切配合的关系,使整个场馆的运营过程成为一个高速并且稳定运转的整体。

② 业务管理人员。主要包括与场馆运营主营业务有关的业务指导部、医疗服务部等业务部门的中高层管理人员,主要负责对相关业务及专业技术人员进行管理。

③ 服务人员。主要包括前台服务人员、收银员等与电子竞技场馆经营活动密切相关,在与经营收益直接相关的关键岗位工作的服务人员。前台服务人员的主要工作职责是按规定的程序与标准向客人提供一流的接待服务,负责访客和来宾的登记、接待、引见,对无关人员应阻挡在外或给予协助等。收银员是指在柜台前收取货币的人员。

④ 工程技术人员。主要是指电子竞技场馆运营中保障和维持运营活动的各类专业技术辅助人员,包括电子竞技场地工、设施设备维修与保养人员、音响师等。其中,电子竞技场地工是指使用专业技术或设备对运动场地和配套器材进行布置、安装、调试、维护、清

洁和监管等保障工作的人员。

2）临时人员

电子竞技场馆经营管理中的临时人员类型较多，主要包括各种时薪工作人员、实习生或志愿人员，大多会根据场馆经营活动的规模和业务内容的变化而进行调整，是场馆经营活动中可变的人力资源部分。

① 运动指导专业人员。包括各种社会电子竞技指导员、私人教练、会籍顾问等。其中，社会电子竞技指导员是指在群体性电子竞技活动中从事技能传授、科学指导和组织管理工作的人员。私人教练就是为电子竞技爱好者提供一对一具体项目指导的教师或教练，他们的工作具有互动性、针对性等特点。会籍顾问是电子竞技场馆的间接销售服务人员，能给会员提供专业服务，具备销售和教练的能力，不是纯粹的销售人员。

② 医疗服务专业人员。包括各种从事与场馆经营项目有关的医疗服务方面的专业人员，主要分为三类，即理疗师和按摩治疗师、医生、营养师。他们是场馆经营活动的重要保障力量。理疗师和按摩治疗师主要为场馆消费者提供康复理疗指导或帮助。医生主要负责处理应急抢救，提出治疗和预防手段、保健方案；对患者进行问询并记录，提供非手术治疗；必要时开具相关化验检查，并对所开辅助检查报告做出分析判断；开具处方等。营养师主要是从事营养咨询、营养测评、营养指导、营养宣教以及营养管理等促进社会公众健康工作的人员，还包含体质咨询师等。

③ 其他服务保障人员。主要包括服务台工作人员、保洁员等，以及根据场馆经营的业务需要而确定的其他服务保障专业人员。保洁员是指使用保洁养护专用工具，从事公共区域环境及设施（如场馆、广场、室内集会场所等地）的清洁、保养工作的人员。保洁员一般由场馆经营中服务外包的形式予以确定。

以上人员的数量和类型应主要根据电子竞技场馆运营中业务发展的需要、产品和服务的类型而确定，与电子竞技场馆经营管理的关系密切，但劳资关系可以是松散的、短暂的。

④ 独立承包商。在电子竞技场馆经营中，经常会根据业务发展的需要和场馆经营的总体规划将部分辅助性经营项目（产品或服务，如商品售卖、服务提供等）外包给独立承包商。这些承包商通过竞标等手段获得承包权，享有某方面经营的唯一权力和特许地位。独立承包商与场馆经营者之间往往不存在劳资关系，而主要是承包租赁的关系。

⑤ 志愿人员。电子竞技场馆的特殊性质决定了其运行中不定期地需要大量志愿人员，包括开展和举办各类大型文体活动或群众集会时，都需要从事项目指导、秩序维护、保护与帮助以及各种服务性工作的临时性志愿人员。志愿人员具有临时性的特点，联合国将其定义为"不以利益、金钱、扬名为目的，而是为了近邻乃至世界进行贡献的活动者"，指在不为获取任何物质报酬的情况下，能够主动承担社会责任而不关心报酬的、奉献个人时间及精力的人。但与其他临时人员不同的是，志愿人员与场馆经营者之间不存在劳资关系。

⑥ 实习生。与临时兼职的时薪员工、志愿人员不同，实习生一般来自学校，在电子竞技场馆从事辅助性的服务或管理工作，主要是为了学习或获得一定的学分，其岗位可以是季节性的、全职或兼职的。

2. 电子竞技场馆岗位编制方法

1）岗位编制

岗位编制主要是指在组织结构框架内进行的岗位设置和人员配置，以适当的人员充实组织结构所规定的岗位，从而保证部门的正常运行。在岗位编制中要遵循关于管理幅度、管理层次和人员总数控制等普遍的规律性。在岗位编制的实施过程中，要全面掌握岗位设置管理的基本精神和主要内容，按照"先入轨，后完善"的原则，抓住重点环节，严格程序，规范操作，切实保证岗位设置管理的各项政策规定落实到位，重点抓好以下五个环节：认真制定岗位设置方案；严格按规定程序审核；科学合理地设置岗位；规范岗位聘用；做到岗位设置的审核认定。

2）编制设置

定编之前需要先定岗，定岗过程中需要进行岗位工作结构与工作量分析，这是一个衔接定岗与定编的环节，也是定编前必要的分析环节。

岗位定编可分为微观定编和宏观定编两种。微观定编指各部门、各岗位具体的人员数量，主要用于各部门确定具体岗位人员的数量与结构。宏观定编指公司几大类队伍的人员数量和比例关系，如管理人员、业务人员、操作人员、行政人员等，主要用于企业人力资源规划、人工成本分析等宏观层面。在岗位编制管理上，宏观监控与自主调整要相结合。人力资源部作为公司岗位定编的管理部门，要承担宏观监控的职责；考虑到业务变动会引起人员需求的动态变化，业务部门要有一定的自主调整权限。

在编制设置的分析判定中，编制设置原则可以参照一般性定编原则和企业自身设定的定编原则。一般性定编原则为：以企业经营目标为中心，科学、合理地进行定编；企业各类人员的比例关系要协调；进行定编工作时，以专家为主，走专业化道路；考虑人才储备；不限于定编方法，要关注定编的有效性。

4.2.2 电子竞技场馆的员工招聘与培训

1. 电子竞技场馆的员工招聘

员工招聘工作是电子竞技场馆增补新员工的主要途径，因此该项工作非常重要。电子竞技场馆具有员工流动性大的特点，经常会出现岗位空缺现象。为了保障电子竞技场馆经营的正常发展，应对出现的岗位空缺进行有计划的人员招聘，只有这样，电子竞技场馆才能拥有稳固的员工队伍，为其稳步发展提供条件，同时也为电子竞技场馆经营的发展注入了新的血液。

保持稳定是员工队伍发展的基础，但这种稳定也只是相对的，场馆员工的适当流动也是合理的，这样可以保持员工队伍的活跃度，使员工的整体素质得到提高，从而提高服务质量，提高电子竞技场馆的经营业绩。

通过对应聘人员在德、能、勤、技等方面的考核进行择优录取，使员工与岗位的适合度更高，这样有利于产生良性的员工流动现象，优胜劣汰。

1）制定人才招聘计划

首先要对场馆目前的岗位需求情况进行分析，要经过以下三个步骤：

- 运用员工调查表全面收集员工个人和分布情况的信息；
- 根据不同岗位进行简单的汇总，从而得出人员分布情况，同时结合历史数据初步确立人力资源配置方案；
- 根据掌握的信息进行分析、汇总，拟定人员需求清单。

2）招聘启事

一份有效的招聘启事应该能够提供简要清晰的岗位基本信息，可以吸引符合条件的应聘者，排除不感兴趣和不满足要求的人员。

招聘启事应包括但不限于：招聘机构名称、招聘岗位名称、岗位概述（主要工作职责描述）、职责列举（列出该岗位的重要工作任务，尽可能包括较多的内容）、应聘条件（所需知识、技能和能力）、教育和工作经历（教育、培训和工作经验等方面的要求）、薪资范围、简历递交的方式等内容（图 4-7 和图 4-8）。

◆图 4-7　EDG 俱乐部招聘启事

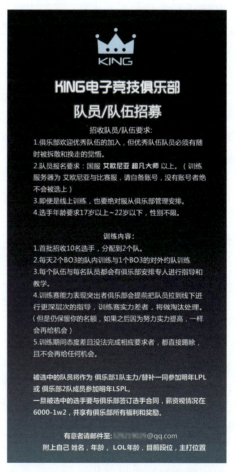

◆图 4-8　KING 俱乐部招聘启事

3）招聘途径

一旦确定需要填补某一空缺职位,下一步的任务就是建立一个求职者人才库,所有招聘人员可以从外部或机构内部选拔产生,主要通过以下途径和方式发布招聘信息,实施人员招聘。

① 传统媒体的广告。借助媒体发布包括招聘信息的广告。实施时应考虑选用何种媒体以及如何构思广告。往往所要招募的职位类型会决定何种媒体是最好的选择,是地方报纸、某种技术性杂志还是电视广告。这是影响范围最广的一种方式,但是费用高,需要企业消耗大量的人力、物力和时间。

② 新媒体招聘。网络作为新媒体的代表可以在电子竞技场馆人员招聘中发挥重要的作用。网络招聘服务可为个人用户提供网上求职、简历中心、求职指导等个件化服务;同时为企业客户提供以网络招聘为核心的人才解决方案。求职者和企业的人力资源管理部门都可以获得招聘网站提供的专业人才招聘服务和即时的信息互动。

③ 就业服务机构。主要包括两种类型,一种是各类学校的就业指导中心,另一种是地方政府开办的就业服务机构,如人才市场。通过学校的就业指导中心进行校园招聘,费用低且针对性强,是获得潜在管理人员以及专业技术人员的重要途径。由于学生没有工作经验,需要进行一定的培训,并且工作的稳定性相对较差,因此需要企业在进行校园招聘时经过系统的策划,在组织方面需要付出较大的努力。

无论是通过哪种就业服务机构实施的招聘都应注意:首先,要向就业服务机构提供一份精确而完整的招聘启事;其次,限定就业服务机构在潜在工作申请人的筛选过程中使用的程序或工具,确定其使用的筛选手段和决策程序。当然,最好能同多家就业服务机构建立长期的关系。

④ 猎头公司。猎头公司常被企业用来搜寻高层管理人才,它可能是招募高层管理人才的唯一选择(前几种途径很难招募到场馆需要的关键性高层管理人才,他们可能已经被其他公司雇佣,并对当前的工作比较满意)。虽然通过猎头公司组织招聘需要支付较高的费用(这笔费用其实和自己组织招聘所需的费用差异不大),但可以帮助经营者把精力集中起来去判断由猎头公司仔细挑选后推荐的几位人选,不仅省时省力,而且可以找到真正的合适人选。

⑤ 推荐。员工推荐主要是指鼓励现有雇员向场馆经营者介绍新的工作候选人,这种方式节约了招聘成本,而且目标较为明确,企业与人才也能够迅速相互了解。对于那些推荐候选人较多的员工,经营者往往还可奖励一定数额的资金。这种做法可以通过减少广告费和招聘代理费而削减企业的招募成本,还可能使企业得到高质量的雇员(因为许多人不会向企业推荐素质较低的候选人)。这种做法的缺点是一旦雇员推荐的人选被拒绝,推荐人可能因其对人的判断力存在问题而被经营者不信任或因此导致推荐人对企业产生不满。

4）初步甄选

初步甄选一般可以采用应聘申请表和测试两种方法。

① 应聘申请表。应聘申请表是为了解应聘者的资格而使用的申请表格。应聘申请表一般应包括应聘人姓名、性别、联系方式、照片、教育及工作经历、相关经验及资质证书、

期望应聘的岗位及其排序等。有时也可根据需要增加对其兴趣及能力进一步了解的项目。一般情况下,通过对应聘申请表相关信息的初步考察,可以有效地淘汰不符合要求的应聘者,也可以根据应聘申请表提供的基本信息对拟应聘者进行分组,以便开展进一步的甄选工作。

② 测试。电子竞技场馆人员招聘可采用多种测试方式,包括智力测试、成就测试、能力倾向测试、兴趣测试、个性测试、心理测试等,主要考察应聘者的文化素质,诸如对电子竞技行业的基本了解、对企业的了解以及逻辑分析能力、语言表达能力等。通过测试筛选成绩合格者进入面试阶段。

针对不同的招聘岗位需求,可重点采取不同的测试方式。例如针对运动技术指导进行的测试中,个性测试、心理测试是测试的重点。无论采用哪种测试,都要使其具有较高的效率和可信度,使测试分数以一种确定的方式与工作绩效相联系。通常,测试可采用笔试的方式进行。

5）组织、实施高效的面试

面试一般由两个阶段构成,即人力资源经理初试阶段和面试部门负责人复试阶段。

① 初试阶段。主要考察心理素质、社交能力,考官通过之前精心准备的问题测试应聘者的人格属性、心理状态、仪态仪表等,为人才需求部门筛选适合的人选。进入复试的人数与最终录取人数的比例一般为2∶1～3∶1。

② 复试阶段。一般由人才需求部门领导、重要职位甚至是企业总负责人进行面试。主要以交谈的方式考察应聘者对应聘岗位的适应度及与领导的适合度。

以结构式面试(也称标准化面试)为例,是指根据制定的评价指标运用特定的问题、评价方法和评价标准,严格遵循特定程序,通过测评人员与应聘者面对面的言语交流对应聘者进行评价的标准化过程。

向所有的应聘者提出同一类型的问题,问题的内容及其顺序都应是事先确定的。例如:

- 申请该岗位的动机——应聘动机是否与场馆经营者的需求相一致?
- 工作描述——应聘者是否了解招聘岗位的工作要求?
- 背景——应聘者有必要的专业资质吗?还需要进行哪些方面的培训?
- 对直接上司的期望——应聘者是否很现实?是否需要密切的监督和大量的指导?
- 对工作的兴趣——应聘者在该岗位上可能的工作时间有多长?应聘者期望升职吗?什么时候可以入职?
- 人际关系的技能——应聘者能与他人很好地相处吗?具备必要的人际交往技巧吗?能处理人与人之间的问题吗?
- 形象与气质——应聘者的着装得体吗?表现出为他人服务或接受他人服务的意愿了吗?

结构化面试中常见的两类有效问题分别是"以经历为基础"的问题和"以情景为基础"的问题。其中,以经历为基础的问题的设问应与工作要求有关,主要考察求职者所经历过的工作或生活中的行为,如"你对体育场馆安保工作了解吗?以前从事过类似的工作吗?你觉得做好这个岗位的工作最难的是什么?"而以情景为基础的问题是在假设的情况下考察求职者与工作有关的行为、能力。提问通常需要由简易到复杂、由一般到专业,逐渐加深问题的难度,使候选人在心理上逐步适应面试环境,以充分地展示自己。

通常情况下,招聘人员应根据问题及回答从行为学的角度设计出一套系统化的具体标尺,每个问题都有确定的评分标准。针对每一个问题的评分标准建立系统化的评分程序,保证评分一致性,提高结构有效性。因为多数问题为定性评价,可采用相关的定性评价方法进行测评,如采用"非常满意、比较满意、满意、不太满意、很不满意"的五级评分方式或相对简略的三级评价方式。

结构化面试一般有时间限制。参与评价的测评人员应为单数。成绩汇总采用体操打分法,即从测评人员评出的分数中去掉一个最高分,去掉一个最低分,剩余有效评定分数的算术平均值为应聘者的面试成绩。

6)员工的选择和录用

人选在最终确定之后,并不能直接进入岗位工作中,这主要是因为前面几个阶段的应聘主要是考察应聘者某些方面的表现,但在具体情况下可能会存在一些偏差,这就需要对录用人员的个人背景做进一步的相关调查。此外,电子竞技场馆中大多是服务性的岗位,因此在员工入职之前还要对其进行全面的身体检查。之后进行新员工的入职培训,主要是为了使职员对公司、企业有一个整体的了解和认识,对公司的相关制度、岗位职责以及法律法规进行学习和掌握,目的在于使新员工尽快融入公司体系。

2. 电子竞技场馆的员工培训

今天,越来越多的企业意识到人才才是企业的核心竞争力。为了不断提高企业的核心竞争力,企业的管理者越来越意识到可以通过提供学习机会提升员工各方面的能力和素质。对于电子竞技场馆经营者来说,在编人员少、临时人员流动性大、岗位变动大是人力资源管理中的重要问题,这些都对人员培训提出了更高的要求。形式与内容适当的培训可以使新员工或临时人员尽快进入工作状态,也可以使老员工不断提升工作绩效。

无论是对新员工培训还是对老员工培训,开展培训的第一步都是确定培训的目的和需求。任务分析与工作业绩分析是确定培训需求的两个主要技术,前者是对工作做详细的研究以确定必需的技能,以便实施适当的培训计划,特别适用于确定从事新工作的员工的培训需求;后者则是对在岗员工的工作业绩做细致的研究,核验当前工作绩效与要求的工作绩效之间的差距,以确认培训是否可以提高工作业绩、工作效率或减少工作失误。

1)人员培训的内容

(1)业务培训。

对于管理人员及行政内勤人员而言,业务培训主要围绕内部管理与服务、组织协调和对外沟通联络,以及处理突发事件的危机管理等方面的知识和技能技巧进行;对于运动技能指导人员而言,业务培训主要围绕完善专业知识结构、学习新运动项目、提高教学技能和水平,以及沟通营销能力等方面进行;对于会籍顾问而言,主要围绕市场推广、销售技巧、服务接待、心理辅导等方面进行;对于前台服务人员而言,主要围绕接待服务、沟通协调、操作自动化软件等方面进行;对于场地工及设施维护、安保、保洁等技术保障型人员而言,主要围绕技术提高、沟通与服务技巧等方面进行。

（2）职业道德培训。

日益激烈的商业竞争对职场人员提出了更高的要求，特别是在道德、忠诚度及综合素质方面，也就是常说的职业道德方面。很多企业也都认识到了职业道德的重要性，也给员工进行了大量关于职业道德方面的训练。但众多企业在给员工做职业道德培训时，都是千篇一律地告诉员工要敬业，要忠诚，要守信，等等，很少会站在员工的角度，以员工的思维思考，为什么要敬业，为什么要忠诚，为什么遵守职业道德。这样会导致培训效果不佳，甚至引起负面影响，例如员工认为所谓的职业道德培训是在上"政治课"。因此，对电子竞技场馆经营者而言，面对场馆人员类型多、文化水平及认知能力差别较大的状况，应注重从"诚信服务铸就企业发展，企业发展提供个人发展平台"的互动发展的角度，分类开展职业道德培训。

（3）企业文化培训。

每个公司都非常重视新员工入职前的培训，但重点都是采用一种灌输的方式讲述企业的规章制度，让新员工明确一些必须要了解的规定，即哪些事情能做，哪些事情不能做，实际上这都是进行企业文化建设的重要组成部分。

对于电子竞技场馆经营企业而言，服务是其主要的经营产品，提供高质量服务的制度文化、理念文化、行为文化和物质文化对企业经营活动意义重大。

2）人员培训的方式

（1）公司培训。

公司培训主要指公司自己组织或者委托社会培训机构对员工进行的培训。这种培训主要根据企业自身的发展需要和工作需求而开展，最终目的是提高企业的工作业绩。从培训对象来看，既包括新入职员工的培训，还包括对在职员工的培训；从培训的方法来看，可以分为在职培训和脱产培训。

① 在职培训。在职培训是运用得最为普遍的一种培训方法，它有助于消除工作中可能出现的问题，有助于帮助员工培养工作的信心和兴趣。在职培训主要采用下列方法：

- 工作指导（师带徒、导师制）。在单独工作前，新员工或志愿人员被安排与有经验的员工一起工作。有经验的培训者往往会把新人与业务最好的模范员工放在一起。
- 工作轮换。为了让新员工快速熟悉场馆经营的工作流程，提高老员工的岗位适应性，可安排受训员工在企业的多个岗位上进行工作轮换。

在职培训的优点是比较省钱，受训者边干边学，不需要准备诸如教室、教学计划、教学手段等花费较多的脱产培训设备设施。同时，这种方法还能促进学习，因为受训者通过实干进行学习，能够及时得到实践操作行为正确与否的反馈。

② 脱产培训。脱产培训主要有案例分析法、会议法、专题讨论法、封闭训练法和短期课程班等。

- 案例分析法。组织新员工或需要培训的老员工，针对场馆经营中的典型问题和典型事例，通过观察与参与的方法掌握和提高工作技能。例如通过案例讲解电子竞技器材设备的使用及其易出现的问题，救生技巧和突发事件的处理方法等。采用案例分析的方法可以有效提高学习效果。

- 会议法。通过定期召开员工会议传达各种信息（如赛事信息、促销计划信息、薪资调整信息等），可以起到广泛宣传、获得反馈的作用。
- 专题讨论法。可以集中讨论工作准备、信心培养、冲突解决、沟通技巧、社区关系等问题。通过鼓励员工参与讨论，不仅可以有效增强员工的团队凝聚力，同时可以通过交流分享提高员工的工作技巧。
- 封闭训练法。通常是将员工封闭在特定教室，或把员工送到工作场所之外的地方，或送到专业的培训机构，以便开展连续几天的专题培训或训练，以接受有关执行力、财务管理、客户服务或团队精神等方面的专题培训。这种封闭式的高度专注的培训对建立团队精神、提高工作绩效十分有效。
- 短期课程班。指在一段时间内集中于一个技能或主题，并根据需要或培训课表重复开设的一种培训形式。参加这样的课程培训可以是自愿的，也可以是强制的。课程内容主要涉及场馆经营中的一些关键性技能或问题，如运动技能指导方法、急救方法、会员投诉的处理、观众的组织和情绪疏导、内勤工作规范、人身伤害的防止和突发事件的处理等。

如果选择脱产培训，则企业付出的成本较高，对受训者原来的工作也有一定影响，企业需要做出周密的安排和布置。但这种方法的好处是可以让受训者不受工作和杂事的干扰，集中精力和时间学习，所学到的知识和理论也比较系统。

这些培训或训练往往可以通过外包的形式进行。

（2）自学培训。

自学培训主要指员工根据自身的职业发展需要和兴趣爱好参加相关的社会培训机构组织的培训，通过培训还可以获得相关的资质证书。虽然这是员工根据自身需求而参加的培训，但同样起到了提高工作绩效和工作效率，帮助组织实现工作目标的作用。

3）人员的使用

在电子竞技场馆运营中，各类人员都扮演着举足轻重的角色，分别提供引导、指导、服务、维护和监督等服务。他们的能力及资质直接决定着电子竞技场馆提供的产品及服务的水平。因此，使用适合的人力资源既是场馆运营中成本控制的重要方面，更是保障服务质量的重要途径。

人员使用的关键是做好日常的人力资源运营工作，安排好日常的工作人员，合理配置和管理临时人员。

人员安排分为短期安排和长期安排。影响人员安排的因素包括岗位性质、岗位要求（性别、能力和专业知识等方面的要求）、岗位数、所需人数和可安排人数等。

根据电子竞技场馆经营活动的特点，场馆经营中的人力资源（除了编制内的部分行政管理人员）大多需要根据场馆经营计划及岗位特点进行长期或短期安排。由于场馆经营活动往往持续时间较长，场馆一般服务性工作人员通常要根据场馆经营的时间安排选择倒班，其他保障部门的工作人员也必须根据场馆营业的时间安排选择工作的班次，可以选择在某些天工作，某个场地工作，也可以是上述的组合。

这种安排是特定时间段（季度、月度、周）的工作计划。工作人员可以根据对业务的熟悉情况、个人时间安排的喜好等填写可以工作的时间表，然后由相关部门综合考虑后确定相应的人员安排计划,并形成人员安排通知,明确每位工作人员的时间安排和不同部门(或场地)的人员安排情况。这样做可以保证从工作人员的工作兴趣和对工作的熟悉程度出发来选择倒班的时间,从而既保证了场馆经营中人员和时间安排上的连贯一致,提高了工作效率,减少了混乱,也最大限度地保障了工作人员在时间安排上的自我意愿,避免了由于感觉工作单调乏味而产生的厌烦情绪,也为员工提供了工作变动和轮换的机会。

4.2.3 电子竞技场馆员工薪酬福利管理

1. 电子竞技场馆的员工薪酬管理

薪酬是指员工向其所在单位提供所需的劳动而获得的各种形式的补偿,是单位支付给员工的劳动报酬,薪酬包括经济性薪酬和非经济性薪酬两大类,经济性薪酬分为直接经济性薪酬和间接经济性薪酬。直接经济性薪酬是单位按照一定的标准以货币形式向员工支付的薪酬;间接经济性薪酬不直接以货币形式发放给员工,但通常可以给员工带来生活上的便利,减少员工额外开支或者免除员工的后顾之忧。非经济性薪酬是指无法用货币等手段衡量,但会给员工带来心理愉悦效用的一些因素。

货币性薪酬包括直接货币薪酬、间接货币薪酬和其他货币薪酬。其中,直接货币薪酬包括工资、奖金、奖品、津贴等;间接货币薪酬包括养老保险、医疗保险、失业保险、工伤及遗属保险、住房公积金、餐饮补助等;其他货币性薪酬包括带薪假期、休假日、病事假等。

非货币性薪酬包括工作、社会和其他方面。其中,工作方面包括工作成就、工作有挑战感和责任感等优越感觉;社会方面包括社会地位、个人成长、实现个人价值等;其他方面包括友谊关怀、舒适的工作环境、弹性工作时间等。

薪酬要发挥应有的作用,薪酬管理应达到以下三个目标——效率、公平、合法。达到效率和公平目标就能促使薪酬的激励作用实现,而合法性是薪酬的基本要求,因为合法是公司存在和发展的基础。

效率目标包括两个层面,第一个层面是站在产出角度来看,薪酬能给组织绩效带来最大价值,第二个层面是站在投入角度来看,即实现薪酬成本控制。薪酬效率目标的本质是用适当的薪酬成本给组织带来最大的价值。

公平目标包括三个层次,即分配公平、过程公平、机会公平。分配公平是指组织在进行人事决策、决定各种奖励措施时应符合公平的要求。如果员工认为受到不公平对待,将会产生不满。员工对于分配公平的认知来自于其对于工作的投入与所得进行的主观比较,在这个过程中还会与过去的工作经验、同事、同行、朋友等进行对比。过程公平是指在决定任何奖惩决策时,组织依据的决策标准或方法应符合公正性原则,程序公平一致、标准明确、过程公开等。机会公平是指组织赋予所有员工同样的发展机会,包括组织在决策前与员工互相沟通,组织决策考虑员工的意见,主管考虑员工的立场,建立员工申诉机制等。

合法目标是企业薪酬管理的最基本前提,要求企业实施的薪酬制度符合国家、省区的法律法规、政策条例的要求,例如不能违反最低工资制度、法定保险福利、薪酬指导线制度等。

1）薪酬设计的基本原则

薪酬设计原则主要包括内部一致性、外部竞争性、激励性与管理的可行性。

① 内部一致性。薪酬体系的设计应使员工能够感觉到相对于同一组织中从事相同工作以及不同工作的其他员工，自己的工作获得了适当的薪酬。

② 外部竞争性。组织薪酬体系的设计应使员工在与其他机构、类似职位的比较中感受到优势，并能够保持这种优势。

③ 激励性。薪酬的设计应该能够体现员工的报酬与业绩之间的密切关系，能够根据绩效水平的高低对薪酬进行调整。通常可依据激励方案和绩效考核结果实现。

④ 管理的可行性。薪酬体系应具备科学性，以保证薪酬体系能够有效运行，确保前面三个原则和目标的实现。

在电子竞技场馆运营中，只有建立起具有内部一致性、外部竞争性、激励性与管理的可行性优势的薪酬体系，才可能有效地吸引、激励和保留需要的员工，以实现经营者的战略目标。

2）薪酬体系设计

① 基础薪酬。基础薪酬策略的制定需要对薪酬的 3P，即岗位（Position）、绩效（Performance）和薪酬（Pay）进行正确的界定，这样可以为公司各个方面绩效的提高提供有利条件。因此，这一理念被许多国家的公司企业所采用。其中，只有岗位工资是固定的，而绩效和薪酬这两个因素则是公司根据自身的具体情况，通过对员工能力和实际产出的分析而实施的奖励。3P 理论通过对公司工资自动增长制度的实现提供帮助，制定出了赏罚分明的薪酬制度，对员工的工作积极性有很好的提高作用。

② 绩效薪酬。绩效薪酬主要与员工个人、所属部门和公司的业绩挂钩。员工个人的业绩所占比例最大，因此可以通过绩效薪酬有效地激励员工取得最大化业绩。

③ 等级薪酬。不同的工作职位应有相应的薪酬等级，职位对应的任职资格、工作内容、承担责任不同，因此对应的薪酬级别也应不同。而且虽然同为部门经理，也会因为个人业绩、职业素养等原因有不同的工资。因此，一般等级工资都是在一个范围内，这个范围的差额应该在两倍左右。例如，部门经理的等级工资是 5000～10000 元，人力资源部经理的等级工资可能为 6000 元，市场部经理可能为 10000 元。

④ 学历、职称薪酬。一般来讲，学历与薪酬是成正比的，学历越高，薪酬也越高。不同的职称、学历，工资基数也不同。例如，同一个场馆中，开发经营部部长的职位可能是本科学历在岗位工资基础上加 200 元、研究生学历加 500 元、博士生加 800 元。当然，也有些企业并不注重员工的教育背景和技术职称，可能在薪酬设计上并不考虑这部分因素。

⑤ 人性化薪酬。人性化薪酬主要指一些福利性补贴，例如购车津贴、住房补贴、化妆补贴、用餐补贴、取暖补贴、消暑补贴等。因此，员工薪酬一般由"基本工资＋岗位津贴＋职务津贴＋技术津贴＋各种福利补贴＋绩效奖金"构成。

目前，薪酬分配的价值基础有三个，即基于职位、基于能力、基于绩效。基于职位和基于能力多用于确定员工的基本工资，而基于绩效则多用于奖金发放和绩效加薪。针对场馆经营中两种不同类型的人力资源，场馆行政管理人员等多数编制内人员缺乏考核的客观数据基础，因此对其应侧重选择基于职位和场馆整体绩效的薪酬。临时人员的存在本身就依赖于其工作能力及其对场馆经营的贡献,因此对其应选择基于能力和个人绩效的薪酬。

2. 电子竞技场馆的员工福利管理

经营电子竞技场馆时,除了使用薪酬等硬性手段与员工建立"长期契约关系"外,还需要对福利措施进行有效运用。良好的福利策略可以体现出场馆经营的人性化管理,提升员工的向心力和忠诚度。

福利管理有利于企业获得社会声望,增强员工的信任感和依恋感,合理避税又不降低员工的实际薪酬水平,适当缩小薪酬差距。福利管理的原则包括:合理和必要原则,量力而行原则,统筹规划原则,公平的群众性原则。

员工福利是企业薪酬福利体系的重要组成部分,直接影响员工的生活质量及其对企业的满意度。员工福利一般由法定福利和企业自定福利组成。

① 法定福利。主要指企业依照国家规定为员工缴纳五险一金,即养老保险、医疗保险、失业保险、工伤保险、生育保险、住房公积金以及其他法定福利。

② 自定福利。在许多企业中,自定福利统称为福利性薪酬,主要是指公司在国家规定之外根据企业自身情况自行为员工提供的其他年度福利,例如企业出资的企业年金、补充医疗保险、人寿保险、意外及伤残保险等商业保险计划及住房、交通、教育培训、带薪休假等其他福利计划。这些福利待遇具有间接性收入的性质,因此是货币薪酬的一种补充。

除了上述福利计划外,企业还可以根据经营情况为员工提供交通服务、健康服务、旅游服务和餐饮服务等福利项目。一些企业为员工上下班提供交通费补贴,报销公交车、地铁的月票费用;一些地处郊区的场馆经营企业还为员工上下班提供班车接送服务。不少场馆经营企业还会依据经营情况为员工提供使用健身房和各种健身器械的专门时间段;为员工举办专门的运动健康教育讲座,改善和维持员工的身体和心理健康;组织员工季节性远足(如春游),或为员工提供假期旅游或报销旅游费用;在公司内部建立食堂,以低于成本的价格甚至免费为员工提供餐饮服务;以外卖等方式统一安排员工工作餐,提供饮水或自动售货机服务等。员工对现有各类福利的关注度虽未表现出太大的年龄差异,但也呈现出一定的趋势和特点,即35岁之前,员工最关心自己的职业生涯发展;35岁之后,员工会更加重视医疗健康福利。

以上论述的福利计划都属于全员性的福利计划,即所有员工都可以平等享受的福利。事实上,企业还可以为不同职位和有不同需求的员工提供特种福利,例如针对企业高层经营管理人员或高级专业人才的公车服务等。这种福利的依据实际上是员工的贡献率,是对这类人员的特殊回报。

4.2.4 电子竞技场馆员工绩效考核管理

绩效考核是企业绩效管理中的一个环节,是指考核主体对照工作目标和绩效标准,采用科学的考核方式,评定员工的工作任务完成情况、工作职责履行程度和发展情况,并将评定结果反馈给员工的过程。

绩效考核是对员工绩效的评价,那么什么是员工的绩效?从其字面上理解,"绩"是指业绩,即员工的工作结果;"效"是指效率,即员工的工作过程。绩效考核无疑是绩效导向式的管理,但绩效导向并不意味着只关注结果,在关注结果的同时,也应关注取得这些结果的过程。

绩效管理是现代人力资源管理的重要组成部分,而绩效考核又是绩效管理中最重要的一环。绩效考核对于任何一个企业都是一项十分重要的工作。企业的绩效考核推行由无到有,往往会经历四个阶段,分别如下。

① 形式期。绩效考核刚刚推行时往往都处于这个阶段,此时考核的往往以试考核的形式出现,考核结果可以不与绩效工资挂钩,主要是让各级人员找到考核的感觉,掌握考核的方式方法。

② 行事期。绩效考核已逐步开展、渐入佳境时所处的阶段。此时考核开始与绩效工资、利益、晋升等挂钩,真正进入实操阶段。

③ 习惯期。此时绩效考核已形成习惯,具备了文字性的东西、制度性的语言。这个阶段的企业,基本上一到考核周期,企业由上至下会自发地进行考核,统计考核数据,计算绩效工资,一旦涉及员工薪酬调整、晋升,会首先以过往的绩效为依据。

④ 文化期。此时绩效考核已深深地与企业文化结合在一起,员工希望被考核,考核已成为企业必备的一种常态,企业呈现一种公平竞争、公开要求的平等氛围。

绩效考核本质上是一种过程管理,而不仅仅是对结果的考核,它是将中长期的目标分解成年度、季度、月度指标,不断督促员工实现、完成的过程,有效的绩效考核能帮助企业达成目标。

1. 绩效考核的原则

① 公平原则。公平是确立和推行人员考核制度的前提,不公平就不可能发挥考核应有的作用。

② 严格原则。考核不严格,就会流于形式,形同虚设,不仅不能全面地反映工作人员的真实情况,还会产生消极的后果。考核的严格性包括:要有明确的考核标准;要有严肃认真的考核态度;要有严格的考核制度与科学且严格的程序及方法等。

③ 单头考核原则。对各级职工的考核都必须由被考核者的"直接上级"进行。直接上级相对来说最了解被考核者的实际工作表现(成绩、能力、适应性),也最有可能反映真实情况。间接上级(上级的上级)对直接上级做出的考核评语不应当擅自修改,这并不排除间接上级对考核结果的调整修正作用。单头考核明确了考核责任所在,并且使考核系统与组织指挥系统取得一致,更有利于加强经营组织的指挥机能。

④ 结果公开原则。考核的结论应对本人公开,这是保证考核民主的重要手段。这样做,一方面可以使被考核者了解自己的优点和缺点、长处和短处,从而使考核成绩好的人再接再厉,继续保持先进,也可以使考核成绩不好的人心悦诚服,奋起上进;另一方面有助于防止考核中可能出现的偏见以及种种误差,保证考核的公平与合理。

⑤ 结合奖惩原则。依据考核的结果,应根据工作成绩的大小、好坏有赏有罚、有升有降,而且这种赏罚、升降不仅与精神激励相联系,还必须通过工资、奖金等方式同物质利益相联系,这样才能达到考核的真正目的。

⑥ 客观考核原则。人事考核应当根据明确规定的考核标准针对客观考核资料进行评价,尽量避免渗入主观性和感情色彩。

⑦ 反馈原则。考核结果(评语)一定要反馈给被考核者本人,否则就起不到考核的教育作用。在反馈考核结果的同时,应当向被考核者就评语进行说明解释,肯定成绩和进步,说明不足之处,提供以后努力的参考意见等。

⑧ 差别原则。考核等级之间应当有鲜明的差别界限,并针对不同的考核评语在工资、晋升、使用等方面体现明显差别,使考核带有刺激性,鼓励员工上进。

⑨ 信息对称原则。凡是信息对称、容易被监督的工作,适合用绩效考核;凡是信息不对称、不容易被监督的工作,适合用股权激励。

2. 关键绩效指标

关键绩效指标是对员工进行考核的重要依据指标,是对电子竞技场馆运营过程中关键成功要素的提炼和归纳。因此,关键绩效指标应具有相关性大、少而精、可控且可管理、具体且明确、可衡量且有明确衡量指标、可达到且具有挑战性、有时间性等特点。

对于一般工作人员而言,关键绩效指标来源于部门或个人业务重点、岗位及职位的业务标准等实际因素。

对于关键绩效指标难以量化的员工,如人力资源管理者、行政管理者、财务管理者,其关键绩效指标的确定难度相对大一些,但也并不是无法实现的。这类人员的关键绩效指标来源于职位职责中的关键责任、对上级绩效目标的贡献、对相关部门绩效目标的贡献等。

在关键绩效指标的设计过程中,找出实现目标的关键成功因素、确定关键成功因素与主要流程之间的联系、确定各主要业务流程的关键控制要点、形成初步的绩效指标体系等步骤常会运用以下具体方法。

① 个案研究法。是指通过选取若干具有代表性的典型人物、事件或岗位的绩效特征进行研究,从而确定关键绩效指标和考核指标体系。在选择典型人物和资料时,可以选择成功的,也可以选择失败的,还可以将两者结合起来。

② 访谈法。是指通过与各类人员,如被考核者的上级、被考核者以及与被考核者有较多联系的相关人员交流,如通过与他们进行个别访谈或群体访谈、收集有关资料等,以此作为确定考核指标的依据。

③ 经验法。根据本单位的具体情况和积累的经验,同时参照同行业单位人员绩效考核的经验,再结合本单位的考核目标确定绩效指标。

④ 问卷调查法。可以通过前三种方法的使用,搜集、分析和初步确定绩效考核的基本指标,然后通过问卷调查的方法确定最终考核指标及其重要性程度。问卷调查有结构问卷调查和非结构问卷调查之分,在绩效指标的确定工作中常使用结构问卷调查。

3. 绩效的数据来源和收集方法

绩效考核的资料来源主要有三种:客观数据、人力资源管理资料和评判数据。

① 客观数据。客观数据主要指员工的工作数据,具有客观性。但这些数据容易受到员工自身以外的许多因素的影响,如区域经济发展的大环境(全球金融危机)、市场自身的发展形势(项目发展的政策性阻力)等因素都会使销售与维护等岗位的绩效受到一定程度的影响。另外,客观数据往往只表现数量而忽视质量;对于许多工作职务而言,很难找到客观、定量的尺度。因此,完全依据客观数据的绩效评价并不合理,应用也并不普遍。

② 人力资源管理资料。实践中最常采用的是缺勤率、离职率、事故率和迟到情况等。由于这些资料反映的工作行为比较片面,因此在多数岗位的绩效评价中只能作为辅助性的考评资料。

一般可以通过查找工作过程中的原始记录(工作记录本、考勤记录本等)对销售、服务的数量和成本及出勤等客观情况进行判定。

③ 评判数据。多数考核中都采用了管理人员对下级的工作情况进行评判的方法,这种主观评判几乎适用于所有工作职务。评判数据以上级对下级的评定为主,也包括员工本人的评判、同事之间的评判以及下级对上级的评定。

4.2.5 电子竞技场馆员工劳动关系管理

员工关系管理的五个首要目标分别为:提高员工满意度、改善员工凝聚力和归属感、加强与员工的沟通、加强企业文化的贯彻和渗透、提高人才保留率。这五项都直接影响着企业的生产效率和稳定性,可见其担负的使命的重要性。这些目标的实际成效往往可通过员工主动流动率及员工满意度调查得以反映。

劳动关系管理包括:劳动合同管理、员工沟通、纪律管理、解雇管理、劳动争议的解决方法。

1. 劳动合同管理

劳动合同的订立是指劳动者与企业之间建立的劳动关系,这是在协商一致、平等自愿并合法的基础上订立的,其内容主要包括:用人单位的名称、地址和法人代表姓名,劳动者姓名、身份证号,劳动合同期限、职务、劳动报酬、福利待遇、工作时间、试用期限等。

《劳动法》规定,员工入职前必须签订劳动合同,在合同有效期内可以通过协商对合同条款进行变更。变更劳动合同时,申请方需要提前30日提出申请。

2. 员工沟通

电子竞技场馆的经营管理者要想实现人性的管理,就必须定期与员工进行良好的沟通,只有这样才能对员工的需要有所了解,才能很全面地帮助员工了解场馆的经营现状,使员工有明确的目标和归属感,可以比较顺利地推行政策、开展工作,并对其管理方案的实施起到良好的促进作用。

对于刚入职的新员工,在试用期及转正前都应该及时与他们沟通。从员工的工作态度、知识技能、考核成绩等方面进行沟通,指出其优缺点,吸纳员工的建议与希望。

在工作调动前,也应该先与员工进行沟通,主要解释工作调动的原因与目的,听取员工的意见,并介绍新岗位的工作内容。岗前沟通可以使员工比较愉快、顺利地融入新岗位。

考核前需要与员工进行沟通，主要听取员工对自己的评价，解释其工作中出现问题的原因，主要以意见交换为主，这样可以增强管理的透明度，有效地指导员工如何改进。

离职前与员工面谈。无论是员工主动离职还是公司辞退员工，都应该在离职手续办理前进行一次深入的沟通。通过面谈了解其离职的原因，一边改进管理，一边做出挽留。对辞退的员工，也应该通过面谈向其提供职业发展建议，不让其带着怨恨离开。

3. 纪律管理

俗话说"无规矩不成方圆"，对于企业来说，树立严明、合理的纪律是企业生存的基础。企业制定科学的纪律制度不仅可以使员工的精神面貌有所改变，而且可以提高员工的工作效率。

在企业中，必须对违反企业管理制度的员工进行惩罚。在制度面前人人平等，不允许有特权出现。在处罚前应进行有效的沟通，给予员工申诉的权利。如果是贪污、造成经济损失等重大问题，则需要报请公安机关处理。

4. 解雇管理

解雇是指员工与企业的雇佣关系的非自愿性终止。解雇是对员工采取的最严厉的纪律处分，因此它也是必须慎重采取的行为。解雇应是正当的，有充分理由的，只有在采取了所有帮助、改善或挽救该员工的适当步骤均告无效的情况下才应采取解雇行为。但毫无疑问，在需要解雇的时候，应当立即执行。

1）解雇的原因

解雇原因可分为工作业绩不合要求（一直没有完成指定任务或一直不符合规定的工作标准）、行为不当（蓄意、有目的地违反规定，包括偷盗、吵闹、不服从管理等）、缺乏从事本职工作的资格（很勤奋但没有能力从事指定的工作）、工作要求改变（所从事的工作被淘汰）等几类。

2）解雇的程序

如果需要解雇，则管理者应该按照一定的程序进行。

① 警告。在采取任何最后行动之前，都应该进行警告，必须让员工知道他的工作再不合要求，他就将被解雇。应该有书面的《最后警告确认书》。

② 解雇前的准备性工作。如果该员工曾使用过机密文件或保管过财物，应该采取相关的机密管理措施，如更换密码和锁头。采取措施预防当事人可能采取的暴力和非暴力的报复行为。

③ 解雇面谈。这是使员工得知自己已经被解雇这一事实的谈话，解雇员工是管理者在工作中面对的困难工作。即使以往已经被警告过许多次，但被解雇的雇员往往还是会在被解雇的时候表现出不相信或者做出激烈的反应，因此要做到以下几点。

- 精心安排谈话时间和地点。应将谈话的时间安排在实施解雇的这个星期的第一天，并确认该雇员会如期赴约，尽可能避免在周末、节假日前或者休假期间通知员工谈话的时间。绝对不要通过电话通知员工被解雇的消息。尽量缩短谈话时间，一般 10 分钟就够了。谈话地点应选择一个中性的地方,不要在自己的办公室或员工的办公室。要事先准备好雇员协议、人力资源档案和发布的通知等文件。准备好医疗或安全急救的电话号码。

- 抓住要点,说明情况。不要通过寒暄或谈其他无关紧要的事情旁敲侧击。员工一到,先给他时间放松,然后就将决定告诉他,一定要用简短的语言说明解雇的原因。例如,"在你的工作领域,会员投诉率提高了 20%。在过去的三个月里,我们曾就此问题谈过几次,但是问题还是没有解决,我们不得不做出改变"。管理者应该注意的是,要说明情况,而不要攻击员工个人,还应该强调这个决定是最后的、不可改变的决定。

- 认真倾听。倾听是让员工能够放松地谈话,能比较心平气和地接受自己被解雇的首要条件。场馆经营者或人力资源管理者应保持倾听,说明解雇补贴、福利,说明如何领取这些费用,说明处理意见和建议的方式。倾听可避免与被解雇人员陷入争执,要用比较积极的方式让员工开口讲话,如静听、重复员工的看法、不时点头等。注意,不应该做出任何承诺,这样只会使问题复杂化。当被解雇员工离开谈话地点的时候,解雇过程就结束了。

- 提供帮助。被解雇的雇员可能会迷失方向,不清楚下一步应该做什么,应该为员工提供一定的帮助,如告诉该雇员离开后应该到什么地方去,有关补贴可以在什么地方领取等。

5. 劳动争议的解决方案

劳动争议是企业管理经常涉及的问题,处理不当就会诉诸法庭。因此,企业在处理劳动争议时,要着重调解、化解矛盾,主要遵循以下四个步骤:协商解决,申请调解,申请仲裁,提起诉讼。

但是,不管如何有效地解决争议,都不如没有争议发生。企业应该不断地完善劳动合同,从源头上规范劳动关系和劳动合同,使劳资双方的权利、义务明确、合理,即使争议不可避免,完善的劳动合同也可以保护双方的利益;企业要不断提高管理技巧,与员工进行良好的沟通,清楚地了解员工的需求愿望,这种沟通应采用柔性的、激励性的、非强制的手段,提高员工满意度,从而支持组织其他管理目标的实现;企业应规范管理制度,制定好录用条件、企业规章制度等内部文件,使企业管理规范化、制度化,在劳动关系管理中起到正面的教育、引导作用和反面的警诫、威慑作用,有效预防和应对劳动争议。

4.3 电子竞技场馆的财务管理

4.3.1 电子竞技场馆的财务管理原则

一般将企业在生产过程中的资金运动称为企业的财务。财务管理是指在一定的整体目标下关于资产的购置(投资)、资本的融通(筹资)和经营中现金流量(营运资金)以及利润分配的管理。财务管理是企业管理的一个组成部分,它是根据财经法规制度、按照财务管理的原则,组织企业财务活动、处理财务关系的一项经济管理工作。简单地说,财务管理是组织企业财务活动、处理财务关系的一项经济管理工作。因此,要想对财务管理的概念有一个全面的了解,就必须对企业的资金运动和财务关系进行认真的分析和研究。

在企业生产经营过程中,资金运动是指使现金变为非现金资产、非现金资产又变为现金的这种周而复始的流转过程。而这种流转过程又是无始无终、不断循环的,因此又称为资金的循环。在资金的运动过程中,资金的筹集、运用和分配是其主要的三个经济内容。

在企业的资金运动过程中,财务关系是指企业与各有关方面发生的经济关系。其中,企业与国家财税部门之间的财务关系、企业与银行等金融机构之间的财务关系、企业与其他企业之间的财务关系、企业内部各单位之间的财务关系、企业与职工之间的财务关系、企业与股东之间的财务关系、企业与债权人之间的财务关系等是企业中最为主要的财务关系。

在企业的资金运动过程中,筹资管理、投资管理、成本费用管理以及营业收入和利润分配等方面都是企业财务管理的主要内容。财务管理目标有产值最大化、利润最大化、股东财富最大化、企业价值最大化、相关方利益最大化等几个方面。

作为企业管理工作的一部分,财务管理主要具有以下几种基本特征。

① 财务管理是一种价值管理工作,它主要通过规划价值形式和控制企业的生产经营活动达到提高企业效益的目的。

② 财务管理具有综合性。通过对企业财务的有效管理对资金活动进行合理地组织,并且处理好同各方面的财务关系,使企业各方面的生产经营活动都能有效地开展。

③ 财务管理的指标能反映企业的生产经营状况。在企业管理中,通过企业财务指标可以反映出企业的许多问题,例如运营决策是否正确、产品是否畅销、经营是否合理等。同时,企业也将财务指标作为重要依据,参与到经营决策的确定上。

财务管理过程需要遵循以下十项基本原则。

原则一:风险收益的权衡——对额外的风险需要有额外的收益进行补偿。

原则二:货币的时间价值——今天的一元钱比未来的一元钱更值钱。

原则三:价值的衡量要考虑的是现金,而不是利润。

原则四:增量现金流——只有增量是相关的。

原则五:在竞争市场上没有利润特别高的项目。

原则六:有效的资本市场——市场是灵敏的,价格是合理的。

原则七:代理问题——管理人员与所有者的利益不一致。

原则八:纳税影响业务决策。

原则九:风险分为不同的类别——有些可以通过分散化消除,有些则不可以。

原则十:道德行为就是要做正确的事情,而在金融业中处处存在着道德困惑。

4.3.2　电子竞技场馆的收入管理

1. 营业收入的构成与原则

1)电子竞技场馆的收入构成

电子竞技场馆的收入包括场馆销售商品收入、场地租赁收入、门票收入、设备租赁使用收入、店铺租金收入、广告赞助收入、停车费收入、股利收入以及投资者、经营者因履行职务或者以企业名义开展业务所取得的佣金、手续费、提成、返利等各项收入。

2）电子竞技场馆的收入原则

取得各种收入是电子竞技场馆进行收益分配管理的基础,没有真实合法的收入,收益分配就无从谈起。电子竞技场馆的收入应坚持以下基本原则。

① 合法性原则。电子竞技场馆的收入必须在国家规定的范围内组织和取得。开办企业、生产和销售产品、提供服务应符合国家产业规定、工商管理规定以及其他相关的法律法规,如工商管理条例、公司法、证券法、税法、产品质量法、环保法、食品药品安全法等。收入的实现过程应符合国家财经法规的规定,如广告法、合同法、价格法、税法等,企业不能采用虚假广告、虚构价格销售企业的产品。

② 真实性原则。电子竞技场馆的收入要依据真实的经济业务,不能虚构销售业务。为了恰当地反映企业的经营状况,对发生的销售业务应及时进行反映和核算,严格禁止企业通过虚构收入变相侵害财务关系人的利益。同时,企业取得的收入价格必须是公允的,不能变相提高价格,只有真实的收入,才能保证企业的收益分配是真实、准确、有效、公平的。

③ 相关性原则。企业的资源消耗与经济补偿密切相关,投资者、经营者及其他职工改造本企业的职务行为消耗的是企业的资源,由此产生的收入应当归属企业所有;以企业名义开展业务,立足于企业所属的有形或无形资源,由此产生的收入也应当作为企业的收入,对于消耗企业的资源,却隐瞒、私分属于企业的收入的,即构成对企业利益的侵害。

2. 营业收入的影响因素

通常,在营业收入管理中应主要考虑以下几项影响因素：价格与销售量、销售退回、销售折扣、销售折让。

销售退回是指在产品已经销售、营业收入已经实现以后,由于购货方对收到货物的品种或质量不满意,或因为其他原因而向企业退货,企业向购货方退回货款。

销售折扣是指企业根据客户的订货数量和付款时间而给予的折扣或价格优惠。按折扣方式,分为现金折扣和商业折扣。现金折扣是指企业给予在规定日期以前付款的客户的价格优惠,这种折扣是企业为了尽快收回款项而采取的一种手段;商业折扣是指在公布的价格之外给予客户一定比例的价格折扣,通常是企业出于稳定客户关系、扩大销售量的目的。

销售折让是指企业向客户交付商品后,因商品的品种、规格或质量等不符合合同的规定,经企业与客户协商,客户同意接受商品,而企业在价格上给予一定比例的减让。

在这些因素中,销售量是至关重要的。

案例一：在山东省的孔孟之乡,有一家名为BEYOND的电子竞技馆,不断地演绎着精彩和传奇,电子竞技场地不大,机器配置,虽有精心设计,但是相比其他电子竞技馆并没有太大的不同。据前台相关数据显示,工作日白天的上座率达到90%左右,晚上的上座率达到95%以上。据BEYOND电子竞技馆业主透露,周末或节假日高峰期,还有很多玩家需要排队上机(图4-9)。

◆图 4-9　高上座率意味着高销售额

　　BEYOND 电子竞技馆拥有如此高的上座率,原因主要有以下几个方面。

　　① 隶属阿里体育旗下。BEYOND 电子竞技馆业主看重阿里的体系,加盟后导入了阿里的新零售概念,让自己的电子竞技馆成为阿里生态圈的一分子。

　　② 不定期的电子竞技赛事。每个月,阿里体育都会在 BEYOND 电子竞技馆统一组织安排 2~3 次电子竞技赛事,奖金丰厚且月月持续,吸引了方圆 5 千米内的游戏玩家,并通过持续的赛事让会员非常稳定,这是高上座率的核心秘诀。

　　③ 考究的装修。300 多平方米的电子竞技馆参考欧美专业电子竞技馆设计,配备声光电专业电子竞技舞台、LED 大屏幕、百兆双光纤接入、100 多个座位席、全场电子竞技显示器、6V6 比赛训练房、电子竞技黑房、无烟黑房。

　　④ 高配置的硬件装备。在硬件装备上,全场统一使用 32 吋和 40 吋 144Hz 高刷新率电子竞技显示器,这些高端显示器采用全新的 Free Sync 技术,内置常见的 RTS、FPS 游戏显示设置模式值,玩家通过快捷键即可快速切换游戏的显示画质。"高保真电子竞技耳机＋机械键盘"的经典搭配使音质细腻、富有层次感,同时百搭的时尚造型为 BEYOND 电子竞技馆更添一抹潮流气息。

　　案例二:宜博电子竞技馆郑州博宇馆每月的营业额约 55 万元,经营面积为 1100 平方米,拥有 226 台主机,持有电子竞技竞技证,上座率极高,节假日爆满,每月网费收入为 35 万左右、吧台收入为 20 万左右,是国内网咖转型电子竞技馆的领头羊(图 4-10)。

　　宜博电子竞技馆郑州博宇馆之所以取得成功,原因主要有以下几个方面。

　　① 精准化场馆选址。街道长度直接决定着街道的流量,街道宽度直接决定着这个街道的繁华程度,小区厚度直接决定着周边人群体量,可以根据小区新旧、性质以及大体的年龄分布粗略估算人群消费能力;楼层越高,人也越多。

　　② 差异化服务场景。差异化视觉:极具特色的科幻风格场馆设计,更符合电子竞技游戏玩家的审美,打造沉浸式游戏空间,在顾客脑海中形成独特的视觉记忆。差异化功能:电子竞技主战区、黑房区、双人区、主播区等十二大功能区可以满足不同顾客的个性化需求。

◆图 4-10　科幻风格场馆设计

③ 精细化用户运营。专业极致的电子竞技游戏装备（人体工程学电子竞技桌椅、机械键盘、游戏耳机等）让顾客享受到极致酣畅的游戏体验；极为用心的水吧运营，在用料、温度、口感、视觉、服务多个维度都苛求完美（图 4-11）。总部不定期提供赛事、资源、奖品等多方面支持，打造多样化的电子竞技赛事形式和丰富的赛事奖励，提升了顾客忠诚度和顾客黏性。

◆图 4-11　极具特色的水吧

3. 电子竞技场馆营业收入的分类

由于各电子竞技场馆的运动项目、环境、规模等方面的不同，各场馆的营业收入也会出现差异，表现出不同的特点，其分类也因此变得较为复杂。为了使营业收入的管理和控制变得更加方便，目前电子竞技场馆常用的营业收入分类方法有以下几种。

1）按场馆经营的运动项目分类

这种分类方法较为直观，主要有以下三种形式。

① 按项目的重要程度区分。可将经营收入分为主营项目收入和辅助项目收入两类，将场馆具体经营的项目分别归类于这两个大项目之下，因此，根据主营项目的不同，收入

的分类也就不同了。

② 按项目的活动方式区分。可将营业收入分为比赛项目收入、培训项目收入、服务项目收入三大类,将场馆具体经营的项目分别归类于这三个大项目之下。这种方法便于进行横向比较,不会因为电子竞技场馆的不同而发生变化。

③ 按项目规模区分。通过规模对营业收入进行有序排列。这种方法较为简洁和直观,但会由于场馆的不同而使排列顺序发生变化。

2) 按经营方式分类

① 常规销售收入。通常将按平日的一般价格销售而形成的营业收入称为常规销售,它是营业收入中的主要成分,可分为单项收入和综合收入两种情况。单项收入是人们通过对单项服务的消费而累加起来的收入;综合收入是通过为人们提供多项电子竞技服务或多次服务而一次性形成的收入。

② 优惠促销收入。为了稳定消费者、开拓市场,许多电子竞技场馆在特定时期或特定时间内会进行优惠促销活动,例如节假日的优惠活动,或者对特定人士或团体在平时实行优惠价。此类方法一般包括折扣促销收入、金额优惠收入、赠送促销收入三种形式。折扣促销收入是指按一定百分比对人们的消费额进行优惠计算,也就是通常说的打折。金额优惠收入是指对人们的实际消费额进行一定的优惠,通常指根据实际情况抹去消费总额的零头,例如消费额是 680 元,实收 600 元。赠送促销收入一般分为两种情况:一种是参加活动赠送赠品,例如一些具有纪念意义的小纪念品;另一种是参加活动赠送适量的消费额度,例如门票买 10 次赠送 2 次等。

在电子竞技场馆经营中,采用任何一种优惠形式都应对经营成本进行核算。因此,应对收费进行准确的记录,一些优惠方式还需要请有关活动管理人员签字认可。

3) 按价格计算方式分类

① 计时收入。一般是指按消费时间收费而形成的营业收入。例如传统的乒乓球室、壁球室、网球室、羽毛球场等大多实行计时收费的运营方式。

② 计量收入。这是指通过对人们使用服务设备或消费产品的数量进行收费而形成的营业收入。这类方法对一些便于统计数量的电子竞技项目较为实用,例如保龄球运动一般是以局为单位进行收费的。

③ 计人次收入。这是指通过对消费的人数和次数计算收费而取得的营业收入。这种计费方式对于多人共同消费同一项目较为实用,一般在游泳池等中实行。

在按计价方式的分类方法中,会因场馆或时间的原因而使计费方式发生变化。例如,有的游泳池是计人次收费,有的是计时收费,还有的在旺季计时收费,在淡季则计人次收费。

4. 电子竞技场馆营业收入的管理

无形服务产品的销售收入是电子竞技场馆营业收入的主要组成部分,它的收入管理与有形产品销售的收入管理比起来要困难一些,并且由于收款人员会大量接触现金,使得管理难度进一步增加。因此,做好电子竞技场馆经营收入的管理工作,成为有效实施电子竞技场馆营业收入管理的重要环节。

1）收款业务的管理方法

保证营业收入实现的重要措施就是收款业务,而做好收款业务的管理,要重点做好以下五项工作。

(1) 收款员岗位的合理设置。

在实际运营中,大型电子竞技场馆都设有专职的收款员,并且营业收入由财务部独立管理。小型电子竞技场馆则一般由专人收款或由服务人员兼任收款员。由于规模和管理模式的不同,电子竞技场馆的收款管理方式也有所不同,但从理论上讲,较为规范的收款方式是由财务部独立管理并设置专职收款员岗位,这样会使管理相对容易。

(2) 对收款员认真选拔和培养。

做好收入管理的关键环节就是选拔和培养出合格的收款员。选择优秀的收款员可以使电子竞技场馆的收款工作更加顺利。在选拔收款员时,道德观念、劳动态度、业务能力是其选拔的主要标准。当然,在对一个优秀的收款员进行选拔时,还应该考虑其他条件,如形象、沟通能力等。

(3) 收款地点的合理安排。

对顾客的任何一项消费项目进行收款是电子竞技场馆营业收入管理的一项主要任务。而为了准确、快捷地收费,对收款地点的合理选择是非常有必要的。

(4) 收费单据的科学和简洁。

和其他管理表单的设计一样,在设计电子竞技场馆营业收入管理表单时,应包括需要的全部管理内容,但应注意简洁明了,避免繁杂。另外,还应避免模棱两可或含义不清的用词,使填写者对填写要求有准确的理解,尽量设计成只用"√""×"或数额完成的表。此外,表单的设计应尽量规范、美观,便于保管和查阅。

(5) 加强监查管理。

在电子竞技场馆经营中,应加强对账目的查对和计算。在一些大型场馆的运营中,往往设有专职的监查组,而一些规模不大的场馆,也有专职或兼职的人员负责监查工作。一般情况下,监督和检查收款员的工作是监查人员的主要职责,他们负责对收款员的账目进行查对核算,并负责清理查收营业中的票据以及代用币等。加强监查管理对于收款方面的漏洞有较好的防治作用,对"窃款""跑账"和"错账"也能起到较好的预防作用。但仅靠监查制度这一单一措施和制度进行财务管理是不完善的,还应该与其他措施和制度相结合。同时,要选择素质优秀的员工担任监察工作,并要经常对监察人员进行专业的培训。

2）制定严谨的科学收款制度

收款制度作为电子竞技场馆营业收入控制的重要手段,收款员应严格遵守其行为准则。

(1) 收款员职业道德。

收款员如果没有良好的职业道德,是很难顺利通过"金钱关"的。与其他会计人员相比,收款员更应严格地遵守职业道德。除了一般的会计人员需要遵守的职业道德以外,收款员还有以下特别需要注意的原则。

一般会计人员应该遵守的职业道德如下:

① 敬业爱岗。热爱本职工作,努力钻研业务,使自己的知识和技能适应所从事工作的要求。

② 熟悉法规。熟悉财经法律、法规、规章和国家统一的会计制度,并结合会计工作进行广泛宣传。

③ 依法办事。按照会计法律、法规和国家统一的会计制度规定的程序和要求进行会计工作,保证提供的会计信息合法、真实、准确、及时、完整。

④ 客观公正。在办理会计事务中应当实事求是,客观公正。

⑤ 搞好服务。尽其所能为改善单位的内部管理、提高经济效益服务。

⑥ 保守秘密。保守本单位的商业秘密,除法律规定和单位领导同意外,不能私自向外界提供或泄露单位的会计信息。

除此之外,收款员还应特别注意如下两点。

① 清正廉洁。清正廉洁是收款员的立业之本,是收款员职业道德的重要方面。收款员掌握着一个单位的现金和银行存款,若要把公款据为己有或挪作私用,均有方便的条件和较多的机会。同时,外部的违法分子也往往会在收款员身上打主意,施以小惠,拉其下水。应该说,面对钱欲、物欲的考验,绝大多数收款员以坚定的意志和清正廉洁的高贵品质赢得了人们的赞誉。当然,也有少数收款员利用职务之便贪污舞弊、监守自盗、挪用公款,到头来害了集体也害了自己。

② 坚持原则。收款员肩负着处理各种利益关系的重任,只有坚持原则,才能正确处理国家、集体与个人的利益关系。在工作中,有时需要牺牲局部与个人利益以维护国家利益,维护法律、法规的尊严。这些都是收款员应该坚持和必须做好的。

(2) 收款制度

收款制度是收款员应遵守的行为准则,是营业收入管理的重要手段。一般场馆的收款员必须遵守的收款制度包括以下六个方面:备用金管理规定;现金收入清点制度;票据管理制度;现金收款程序;信用卡受理程序;转账支票受理程序。

4.3.3　电子竞技场馆的支出管理

1. 电子竞技场馆费用的支出计划和标准

电子竞技场馆的费用开支管理是电子竞技场馆在运营过程中必须实施的一项工作。有章可循是其工作顺利展开的重要保障,电子竞技场馆的费用支出管理部门要本着精打细算、勤俭节约、有利工作的原则制定管理计划和标准。

1) 电子竞技场馆费用的支出计划

电子竞技场馆的费用支出是按照经营规模、经营体制等方面的不同分别制定的,一般可按照月、季度、年度等时间段制定。一些大型场馆在每个月的月底,各部门及其下属企业须根据下月工作计划对本部门的费用支出计划进行制定,并由财务部门汇总、审核,经办公会议或总经理审批,即可成为场馆当月的费用支出计划。同时,根据实际情况,电子竞技场馆会授予副总经理、部门经理对计划内费用支出的审批权限。

2）电子竞技场馆的费用支出标准

为便于掌握支出,在制定支出标准时,应根据不同类型电子竞技场馆的实际情况确定。其中,借款审批及标准,出差支出标准及报销审批,业务招待费标准及审批,福利费、医药费支出标准及审批,其他费用支出标准及审批等都是电子竞技场馆费用支出标准制定的几种类型。

电子竞技场馆的费用支出标准的制定可根据费用支出类别制定出适用的标准和规定。例如,按照性质划分,电子竞技场馆的费用支出标准及审批规定可制定为:

属于生产经营性的各项费用,如×××元以内的凭税务部门的正式发票,先由经办人和部门经理签名后,报分管领导批准,然后送交财务经理审核报销;×××元以上的须报财务总监批准;

属于非生产经营性的各项费用,如×××元以内的按第一条执行,×××~×××元的,报财务总监批准,×××元以上的报董事长批准。

3）配备专业出纳员岗位

会计工作中,一个非常重要的环节就是出纳工作,它涉及现金收付、银行结算等活动。而这些工作又与职工个人、单位乃至国家的经济利益有着直接的关系,工作一旦出差错,就会造成严重的经济损失。

在电子竞技场馆的费用支出控制管理中,出纳员是一个处于关键位置的岗位。除了要严格遵守《会计法》《会计基础工作规范》等财会法规外,为了保证场馆费用支出管理的有效性,出纳员还需要遵守各场馆制定的费用支出细则。例如,出纳员要严格遵守场馆制定的费用支出标准,要根据会计部门编制经相关人员核准的支出传票,才能办理现金、票据的支付、登记及转移。同时,出纳员要对支出凭证是否与会计部门制定的内容与金额相符,与领款人的印鉴是否相符等方面进行严格的审核,如有疑问,应及时查询和确认后才可进行支付。

2. 电子竞技场馆费用管理

我国《企业会计准则》中对费用的定义表述为:费用是企业生产经营过程中发生的各项耗费。企业直接为生产商品和提供劳务等发生的直接材料、直接人工、商品进价和其他直接费用,直接计入生产经营成本;企业为生产商品和提供劳务而发生的各项间接费用,应当按一定标准分配计入生产经营成本。企业行政管理部门为组织和管理生产经营活动而发生的管理费用和财务费用,为销售和提供劳务而发生的进货费用、销售费用等,应当作为期间费用,直接计入当期损益。

由此可以看出,狭义的费用概念将费用限定于获取收入过程中发生的资源耗费。广义的费用概念则同时包括经营成本和非经营成本。我国现行制度采用的是狭义的费用概念,即企业为销售商品、提供劳务等日常活动发生的经济利益的流出,包括计入生产经营成本的费用和计入当期损益的期间费用。

费用是在企业日常的活动中产生的,而不是在偶发的交易或事项中产生的。费用可能表现为企业负债的增加或企业资产的减少,或者二者兼而有之。费用最终会减少企业的所有者权益。

1）费用的确认

费用作为为获取收入所发生的资产流出或资源牺牲，实质上是已经耗用的资产。费用的确认和计量与资产的确认和计量密切相关。

费用的确认应遵循以下两条基本标准。

① 划分资本性支出和收益性支出。这一原则限定了费用确认的时间界限。

② 权责发生制。这一原则限定了费用应当按照权责发生制原则，在确认有关收入的同一期间予以确认，从而为费用的确认提供了进一步的指南。确认费用的标准一般有以下 3 种：

- 联系因果关系确认费用；
- 系统、合理地分配费用；
- 发生支出时立即确认费用。

2）费用的核算

（1）营业成本的核算

① 主营业务成本。用于核算企业因销售商品、提供劳务或让渡资产使用权等日常活动而发生的实际成本。"主营业务成本"账户下应按照主营业务的种类设置明细账，进行明细核算。期末，应将本账户的余额转入"本年利润"账户，结转后，本账户应无余额。

② 其他业务支出。用于核算企业除主营业务成本以外的其他销售或其他业务所产生的支出，包括销售物品、提供劳务等产生的相关成本、费用以及相关税金及附加等。

（2）期间费用的核算

期间费用是指虽与本期收入的取得密切相关，但不能直接归属于某个特定对象的各种费用。期间费用是场馆当期发生的费用中重要的组成部分，包括管理费用、财务费用及营业费用等。设立账户时应按每个科目的不同建立账户。期末，应将所有账户的余额转入"本年利润账户"，结转后本账户应无余额。

3）费用的计量

从理论上分析，基于费用和资产的特殊联系，费用可以根据投入价值基础和产出价值基础分别采用历史成本、现行成本、变现价值等不同的计量属性进行计价。

按照历史成本（实际成本）进行费用的计量易于验证，已经成为国际上会计实务中广泛采用的费用计量属性。

根据我国现行制度的规定，企业应当按实际发生额核算费用和成本。

3. 电子竞技场馆费用开支分类

在场馆规模、经营类型、所处区域等各方面因素的影响下，电子竞技场馆的费用支出各有特点。按照不同的影响因素，电子竞技场馆费用支出的分类有以下几种。

1）按经营性质分类

① 营业成本。指与营业收入直接相关的，已经确定了归属期和归属对象的各种直接费用，内容主要包括主营业务成本、劳务成本、其他业务成本三个部分。而设备的维护费用、职工工资、业务费用等则是电子竞技场馆营业成本的主要内容。

② 期间费用。指在电子竞技场馆运营过程中产生的费用支出。按照其费用的用途

可分为如下几种。
- 营业费用：运营各部门的日常支出及损耗等。
- 管理费用：运营中行政、办公的支出。
- 财务费用：运营中财务管理产生的支出。

2）按项目分类

此分类方法的主要依据是电子竞技场馆开展各项专业业务活动及其辅助活动产生的实际支出。根据此分类原则，可以将电子竞技场馆费用支出的类别分为公务费、业务费、设备购置费、修缮费、工资福利、其他费用。其中，业务费包括场馆为经营、生产需要而需支付的费用；工资福利包括职工的基本工资、职工福利费、社会保障费用、补助工资和其他工资等。

3）按时间分类

① 直接费用。指为取得营业收入，电子竞技场馆直接产生的费用。

② 期间费用。指那些仅仅有助于当期营业收入的实现，或者为数细微、不值得在各期间分摊的费用。

③ 跨期费用。指效用在一个会计期间以上的费用。

4.4 电子竞技场馆的安全管理

安全指"免除了不可接受的损害风险的状态"，一方面是指安全主体"不存在威胁""不受威胁""不出事故""不受侵害"等外部安全威胁，同时还必须满足安全主体内部"没有疾患"，即没有外在威胁和没有内在疾患两个方面。因此，安全管理包括外在威胁的消除和内在疾患的消解两个方面。对于电子竞技场馆而言，首先应对场馆的不安全因素进行分类，然后采取有针对性的措施。

电子竞技场馆的不安全因素主要分为两部分：外部因素和内部因素。外部因素主要有自然灾害、恐怖袭击、人为滋事（不同战队粉丝之间的滋事、个别观众的滋事）、人为纵火等。内部因素主要有因设备故障、线路故障引起的火灾；照明断电，而应急照明设备故障引起的恐慌等。概括起来，电子竞技场馆安全管理主要包括社会治安、消防、卫生等几个部分。

4.4.1　电子竞技场馆的社会治安管理

社会治安综合治理的主要目标是社会稳定，重大恶性案件和多发性案件得到控制并逐步减少，社会丑恶现象大幅减少，治安混乱的地区和单位的面貌彻底改观，治安秩序良好，群众有安全感。

社会治安综合治理的工作范围主要包括"打击、防范、教育、管理、建设、改造"六个方面。

打击是社会治安综合治理的首要环节，是落实社会治安综合治理其他措施的前提条件。必须长期坚持依法从重从快严厉打击严重刑事犯罪活动的方针，运用打击的手段震慑犯罪分子。

防范工作是减少各种违法犯罪活动和维护社会治安秩序的积极措施。各单位要在统一领导下,发动群众建立起各种形式的群防群治组织,落实治安责任制,建立健全的各项规章制度,不断提高自防自卫的能力。

教育,特别是加强对青少年的教育,是维护社会治安的战略性措施。各部门和各单位都要根据青少年的特点,开展各种喜闻乐见、寓教于乐的思想教育活动,培养青少年高尚的情操,提高辨别是非的能力,增强自身的免疫力。

管理工作是堵塞犯罪漏洞、减少治安问题、建立良好秩序的重要手段。要加强对重点人员和重点部门要害部位的管理,落实责任,明确措施。

加强基层的组织建设和制度建设是落实社会治安综合治理的关键。各单位要层层建立社会治安综合治理组织机构,要把基层组织建设作为重点。推行各种形式的综合治理目标责任制和领导干部责任制,加快制定和完善综合治理的法律、法规,使综合治理各项工作做到有法可依、有章可循。

改造工作是教育人、挽救人、防止人重新犯罪的特殊预防工作。积极做好刑满释放、解除劳教人员的帮教和就业安置,采取多种渠道为他们解决生活出路问题,以利于对他们的改造和帮教,以减少再次违法犯罪。

社会治安是任何一个电子竞技场馆赖以维持其正常运作的最基本的条件。可以说,没有稳定的社会治安秩序,电子竞技场馆就无法正常运行。

1. 电子竞技场馆社会治安管理的内容

所谓社会治安,是指国家通过法律、法规和运用警察职能以及治安行政管理手段所建立起来的一种稳定安宁的社会秩序。电子竞技场馆社会治安特指竞赛期间场馆区域内的一种稳定安宁的社会秩序,此时场馆人员密集,需要配合公安部门重点做好治安管理工作。如"张学友演唱会抓逃犯"事件就值得电子竞技场馆相关管理人员深思。电子竞技场馆社会治安管理的内容包括以下几个方面。

1)电子竞技场馆区域内的刑事犯罪状况

我国《刑法》规定:"一切危害国家主权和领土完整,危害无产阶级专政制度,侵犯全民所有的财产或者劳动群众集体所有的财产,侵犯公民私人所有的合法财产,侵犯公民的人身权利、民主权利和其他权利,以及其他危害社会的行为,依照法律应当受刑罚处罚的,都是犯罪。"刑事犯罪状况是社会治安的主要内容,也是影响社会治安的重要因素。特别是杀人、抢劫、强奸、爆炸等重大恶性案件会对电子竞技场馆社会治安管理构成严重威胁。

2)电子竞技场馆区域内的治安案件状况

治安案件状况也是社会治安的重要内容和影响社会治安的基本因素,所谓治安案件,就是违反《中华人民共和国治安管理处罚条例》的行为。这种行为主要是指扰乱社会秩序、妨害公共安全、侵犯公民人身权利和公私财产,尚不够刑事处罚的,应当给予治安管理处罚的行为。各类治安案件都在不同程度上危害社会治安,给社会治安带来消极影响。此外,公共场所的治安秩序、交通安全秩序、重大节日、群众集会和重要外事活动的安全秩序以及灾害事故,也属于社会治安的内容和范围,这些方面的安全和秩序的好坏,对社会治安的影响也很大。

3）电子竞技场馆解决社会治安问题的能力

刑事、治安案件、公共安全和秩序是社会治安问题的重要外部威胁内容。社会治安还包括另一方面更为重要的内容，即管理部门解决社会治安问题的能力。

① 政府的治安对策、治理治安的手段和措施是否能有效地保护公民的生命财产安全，惩治犯罪，维护良好的治安秩序。

② 维护社会治安的队伍是否坚强有力，警察职能的运用和发挥程度是否能有效地惩治犯罪，解决社会治安问题。

③ 人民群众的治安心理状况，以及对维护社会治安的参与程度是否敢于同违法犯罪行为做斗争，形成坏人怕好人、罪犯怕群众、群众有安全感的治安环境。

2. 电子竞技场馆社会治安管理的方法

管理方法是指为实现管理目的而采取的手段、方式、途径和程序的总和，也就是运用管理原理实现组织目的的方式。任何管理，都要选择、运用相应的管理方法。电子竞技场馆治安管理方法主要有行政方法、教育方法、信息系统管理方法三类。

1）行政方法

电子竞技场馆治安管理由于范围小、对象少，宜于多采用行政方法进行管理。行政方法即通过建立行政系统，采用行政手段对场馆治安人员进行管理的方法，是指安全管理主体运用行政权力，按照行政层次，通过下达各种行政命令、指示、决议、规定、指令性计划和安全管理规章制度等手段，直接控制组织和个人的行为，以保证安全管理目标实现的方法。与其他管理方法相比，行政方法最主要的是其权威性，即行政方法的运用要以行政组织或行政领导具有一定的权力和威信、下级行政组织对上级行政组织的无条件服从为前提，否则就不能发挥作用。

2）教育方法

教育方法是指按照一定的目的、要求对受教育者从德、智、体等方面施加影响的一种有计划的活动。管理的人本原理认为，管理活动中人的因素第一，管理最重要的任务是提高人的素质，充分调动人的积极性、创造性。而人的素质是在社会实践和教育中逐步发展、成熟起来的。通过教育，不断提高人的政治思想素质、文化知识素质、专业水平素质是管理工作的主要任务。教育方法的作用主要有：传播安全观念和方法，使人能迅速适应场馆的安全环境；使人不仅能知其然，而且能知其所以然，从根本上提高观众的安全素质。

3）信息系统管理方法

信息系统管理主要包括对信息的收集、录入、存储、传输、加工和输出（含信息的反馈）五种功能，它把现代化信息工具——电子计算机、数据通信设备及技术引进管理部门，通过通信网络把不同地域的信息处理中心连接起来，共享网络中的硬件、软件、数据和通信设备等资源，加速信息的传递，为管理者的决策提供及时、准确、可靠的依据。信息系统管理方法的具体表现是安全防范系统的建立，包括采用多种手段达到安全举办赛事的目的。最常用的是设置闭路电视监视系统、防止非法入侵探测系统、门禁系统、安全检测系统等。

当前，对于电子竞技场馆社会治安管理来说，构建系统完善的危机预防体系是非常重要且必要的。只有做好安全管理,危机来临时才不会手足无措。总的来说,电子竞技场馆社会治安管理必须优化管理成效,使管理效率得到有效提高。坚持以应对危机的硬件设施建设为基础,以处置危机的机制和预案为核心,以处置危机的组织和机构为前提,以应对危机的人力资源准备为依托和保障,从而使危机得到有效避免,使危机的危害减到最低。

案例分析: 人脸识别系统助力社会治安管理

2012年4月13日,京沪高铁安检区域人脸识别系统工程开始招标,上海虹桥站、天津西站和济南西站三个车站的安检区域将安装用于身份识别的高科技安检系统——人脸识别系统,以协助公安部门抓捕在逃罪犯。如今,人脸识别产品已广泛应用于金融、司法、军队、公安、边检、政府、航天、电力、工厂、教育、医疗及众多企事业单位等领域。

2018年,在南昌、赣州、嘉兴、金华举办的4场演唱会中,警方一共抓到5名逃犯,这其中,人工智能及人脸识别技术功劳不小。人脸识别主要包括人脸检测、特征提取、人脸分类三个过程。简单地说,就是通过人脸检测,对五官进行一些关键点的定位,然后提取计算机能够识别的人脸特征,最后进行相似度的比对,从而得到一个人脸识别的结果,也就是判断"刷脸"的人是不是你本人。

人脸识别的优势在于其自然性和不易被察觉的特点。所谓自然性,是指该识别方式同人类(甚至其他生物)进行个体识别时所利用的生物特征相同,即人类也是通过观察比较人脸区分和确认他人身份的,具有自然性的识别还有语音识别、体形识别等。不易被察觉的特点对于一种识别方法也很重要,这会使该识别方法不令人反感,并且因为不容易引起人的注意而不容易被欺骗。

不管在什么样的情况下,"人"都是最重要的因素,在应对危机时更是如此。在赛事的各类组织准备、机制准备、设施准备都较为完善的条件下,要想更好地应对危机,并且化解危机,其中的关键因素就是各个岗位上的人员的岗位责任意识、专业素质、应对危机事件的能力。因此,提高人力资源方面的综合素质就显得尤为重要了。具体来说,提高相关人员素质的手段和方法主要有两个方面:一方面是系统化的专业培训;另一方面是反复多次的模拟演练。除此之外,全面的专家智囊团和公众风险防范和应急教育也能成为提高相关人员综合素质的途径,具体要根据实际情况和需要进行有针对性的选用。

4.4.2 电子竞技场馆的消防安全管理

电子竞技场馆是一个人员密集场所,尤其是在一些有重大影响的赛事期间,观众人数基本达到饱和,一旦发生火灾,会对场内的观众造成心理上的恐慌,拥挤而阻塞通道,发生互相踩踏的惨剧,或由于逃生方法不当造成人员伤亡。因此,消防安全是一项重要的管理内容。

1. 电子竞技场馆消防管理的内容

1)消防档案管理

消防档案是反映场馆基本情况和消防安全管理工作情况的重要载体,电子竞技场馆管理部门应当按照有关法律法规的规定建立健全的消防档案,并严格管理。档案内容应包含以下两个方面。

(1)消防安全基本情况。

消防安全基本情况应包含以下内容:单位基本概况和消防安全重点部位情况;消防设计审核、验收以及消防安全检查法律文书;消防安全管理组织机构和各级消防安全责任人;消防安全制度和消防安全操作规程;消防设施、灭火器材情况;义务消防队人员及其消防装备配备情况;与消防安全有关的重点工种人员情况;新增消防产品、防火材料的合格证明材料;消防安全疏散图示、灭火和应急疏散预案。

(2)消防安全管理情况。

消防安全管理情况应包含以下内容:消防设施检查、自动消防设施测试、维修保养记录;火灾隐患及其整改情况记录;防火检查、巡查记录;电气设备检测等记录;消防宣传教育、培训记录;灭火和应急疏散预案的演练记录;火灾情况记录;消防奖惩情况记录;公安消防机构填发的各种法律文书;确定消防档案保管人员。

2)消防设施配备及使用

(1)消火栓。

消火栓是一种固定式消防设施,主要作用是控制可燃物、隔绝助燃物、消除着火源,分为室内消火栓和室外消火栓(图 4-12)。消火栓套装一般由消防箱、消防水带、水枪、接扣、栓、卡子等组合而成,消火栓主要供消防车从市政给水管网或室外消防给水管网取水实施灭火,也可以直接连接水带、水枪出水灭火。所以,室内外消火栓系统是扑救火灾的重要消防设施之一。

室外消火栓的布置间距不应大于 120m,距路边距离不应大于 2m,距建筑外墙不宜大于 5m。

下列场馆建筑空间结构应设置室内消火栓:超过 5 层或体积不小于 10000m³ 的建筑;体积超过 5000m³ 的空间结构。

(2)火灾应急照明。

建筑物的下列位置应设有火灾应急照明(图 4-13):封闭楼梯间、防烟楼梯间及其前室、消防电梯间及其前室或合用前室;设有封闭楼梯间或防烟楼梯间建筑的疏散走道及其转角处;疏散出口和安全出口;消防控制室、自备发电机房、消防水泵房以及发生火灾时仍须坚持工作的其他房间。

◆图 4-12 室外消火栓

火灾应急照明的设置应符合下列要求:火灾应急照明灯宜设置在墙面或顶棚上,疏散用的应急照明灯照度不应低于 0.5Lx,发生火灾时仍须坚持工作的房间应保持正常的照度;火灾应急照明灯应设玻璃或其他不燃烧材料制作的保护罩;火灾应急照明灯的电源除正常电源外,应另有一路电源供电,或采用独立于正常电源的柴油发电机组供电,或可采用蓄电池作为备用电源,其连续供电时间不应少于 20 分钟,或选用自带电源型应急灯具;正常电源断电后,火灾应急照明电源转换时间应不大于 15 秒。

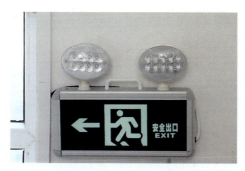

◆ 图 4-13　应急照明灯

（3）疏散指示标志。

场馆建筑的下列位置应设置灯光疏散指示标志：安全出口或疏散出口的上方；疏散走道。

疏散指示标志的设置应符合下列要求：疏散指示标志的指示方向应指向最近的疏散出口或安全出口；设置在安全出口或疏散出口上方的疏散指示标志，其下边缘距门的上边缘不宜大于 0.3m；设置在墙面上的疏散指示标志，标志中心线距室内地坪不应大于 1m（不易安装的部位可安装在上部），灯光疏散指示标志间距不应大于 20m（如设置在地下建筑内，不应大于 15m）；灯光疏散指示标志应设玻璃或其他不燃烧材料制作的保护罩；灯光疏散指示标志可采用蓄电池作为备用电源，其连续供电时间不应少于 20 分钟。

（4）灭火器。

灭火器的选择应符合下列要求：扑救 A 类（固体）火灾应选用水型、泡沫、磷酸铵盐干粉、卤代烷型灭火器；扑救 B 类（液体）火灾应选用干粉（磷酸铵盐或碳酸盐类，下同）、泡沫、卤代烷、二氧化碳型灭火器，扑救极性溶剂 B 类火灾不得选用化学泡沫灭火器；扑救 C 类（气体）火灾应选用干粉、卤代烷、二氧化碳型灭火器；扑救带电火灾应选用卤代烷、二氧化碳、干粉型灭火器；扑救 A、B、C 类火灾和带电火灾应选用磷酸铵盐干粉、卤代烷灭火器；扑救 D 类（金属）火灾的灭火器材应由设计单位和当地公安消防机构协商解决。

一个灭火器设置点的灭火器不应少于 2 具，每个设置点的灭火器不宜多于 5 具。手提式灭火器（图 4-14）宜设置在挂钩、托架上或灭火器箱内，其顶部距离地面的高度应小于 1.5m，底部距离地面的高度不应小于 0.15m。

3）消防安全管理的方法

① 数据化管理。通过建立完善的消防档案，并对其进行科学的分类和归档管理。作为场馆的安全防范系统设计，应做到全方位的监视，为可疑情况留下取证的第一手资料。

② 应急管理。消防管理具有很强的突发性和应急性，因此需要通过应急决策对下级进行管理。当组织高层管理者确定了消防应急管理目标后，必须对其进行有效分解，转变成各部门以及各个人的分目标，根据分目标的完成情况对下级进行指挥和管理。

◆ 图 4-14　手提式灭火器

③ 宣传和教育。教育方法是用不同的形式解决被管理人员思想问题的方法,人们常说的精神激励、思想政治工作、行为科学就属于教育方法。在运动会期间,许多举办国和举办城市为了保证此期间的安全均调用了大量的警力和人力,也给予想恣意闹事者心理上的震慑作用。

2. 电子竞技场馆消防应急管理

应急管理是对于特重大事故灾害的危险问题提出的。应急管理是指政府及其他公共机构在突发事件的事前预防、事发应对、事中处置和善后恢复过程中,通过建立必要的应对机制,采取一系列必要措施,应用科学、技术、规划与管理等手段,保障公众生命、健康和财产安全,促进社会和谐健康发展的有关活动。

国家突发公共事件总体应急预案提出了六项工作原则,即以人为本,减少危害;居安思危,预防为主;统一领导,分级负责;依法规范,加强管理;快速反应,协同应对;依靠科技,提高素质。

应急管理工作内容概括起来叫作"一案三制"。

"一案"是指应急预案,就是根据发生和可能发生的突发事件事先研究制定的应对计划和方案。应急预案包括各级政府总体预案、专项预案和部门预案,以及基层单位的预案和大型活动的单项预案。

"三制"是指应急工作的管理体制、运行机制和法制。

① 应急管理体制。主要是建立健全集中统一、坚强有力的组织指挥机构,发挥国家的政治优势和组织优势,形成强大的社会动员体系。建立健全以事发地党委、政府为主,有关部门和相关地区协调配合的领导责任制,建立健全应急处置的专业队伍、专家队伍。必须充分发挥解放军、武警和预备役民兵的重要作用。

② 应急运行机制。主要是建立健全监测预警机制、信息报告机制、应急决策和协调机制、分级负责和响应机制、公众的沟通与动员机制、资源的配置与征用机制、奖惩机制和城乡社区管理机制等。

③ 应急法制。主要是加强应急管理的法制化建设,把整个应急管理工作建设纳入法制和制度的轨道,按照有关的法律法规建立健全预案,依法行政,依法实施应急处置工作,要把法治精神贯穿于应急管理工作的全过程。

电子竞技场馆应有消防应急预案,该预案是指面对突发消防事件的应急管理、指挥、救援计划等,一般应建立在综合防灾规划之上。其几大重要子系统为:完善的应急组织管理指挥系统,强有力的应急工程救援保障体系,综合协调、应对自如的相互支持系统,充分备灾的保障供应体系,体现综合救援的应急队伍等。电子竞技场馆在使用时会聚集成百上千的公众,因此场馆要严格遵循国家关于场馆使用的规定,制定完善的制度和应急预案,在发生事故或灾害时组织实施。场馆和城市的应急状态系统要有机衔接,智能安防系统、应急通信系统要保障通信和安全。

应急预案要形成完整的文件体系。通常,完整的企业级应急预案由总预案、程序件、指导说明书和记录四部分构成。

1）应急预案主要内容

重大事故应急预案可根据2004年国务院办公厅发布的《国务院有关部门和单位制定和修订突发公共事件应急预案框架指南》进行编制。应急预案主要内容应包括以下内容。

① 总则。说明编制预案的目的、工作原则、编制依据、适用范围等。

② 组织指挥体系及职责。明确各组织机构的职责、权利和义务，以突发事故应急响应全过程为主线，明确事故发生、报警、响应、结束、善后处理处置等环节的主管部门与协作部门；以应急准备及保障机构为支线，明确各参与部门的职责。

③ 预警和预防机制。包括信息监测与报告、预警预防行动、预警支持系统、预警级别及发布（建议分为四级预警）。

④ 应急响应。包括分级响应程序，信息共享和处理，通信，指挥和协调，紧急处置，应急人员的安全防护，群众的安全防护，社会力量动员与参与，事故调查分析、检测与后果评估，新闻报道，应急结束11个要素。

⑤ 后期处置。包括善后处置、社会救助、保险、事故调查报告和经验教训总结及改进建议。

⑥ 保障措施。包括通信与信息保障，应急支援与装备保障，技术储备与保障，宣传、培训和演习，监督检查等。

⑦ 附则。包括有关术语、定义，预案管理与更新，国际沟通与协作，奖励与责任，制定与解释部门，预案实施或生效时间等。

⑧ 附录。包括相关的应急预案、预案总体目录、分预案目录、各种规范化格式文本、相关机构和人员通讯录等。

2）应急预案的编制方法

应急预案的编制一般可以分为3个步骤，即组建编制队伍、开展危险与应急能力分析。

（1）组建编制队伍。

预案从编制、维护到实施都应该有各级部门的广泛参与，在预案实际编制工作中往往会由编制组执笔，但是在编制过程中或编制完成后要征求各部门的意见，包括高层管理人员，中层管现人员，人力资源部门，工程与维修部门，安全、卫生和环境保护部门，邻近社区，市场销售部门，法律顾问，财务部门等。

（2）开展危险与应急能力分析。

① 法律法规分析。分析国家法律、地方政府法规与规章，如安全生产与职业卫生法律、法规，环境保护法律、法规，消防法律、法规与规程，应急管理规定等。调研现有预案内容，包括政府与本单位的预案，如疏散预案、消防预案、工厂停产关闭规定、员工手册、危险品预案、安全评价程序、风险管理预案、资金投入方案、互助协议等。

② 风险分析。通常应考虑下列因素。

- 历史情况。本单位及其他兄弟单位、所在社区以往发生过的紧急情况，包括火灾、危险物质泄漏、极端天气、交通事故、地震、飓风、龙卷风等。
- 地理因素。场馆所处地理位置，如邻近洪水区域、地震断裂带和大坝；邻近危险化学品的生产、贮存、使用和运输企业；邻近重大交通干线和机场；邻近核电厂等。

- 技术因素。某工艺或系统出现故障可能产生的后果,包括火灾、爆炸和危险品事故,安全系统失灵,通信系统失灵,计算机系统失灵,电力故障,加热和冷却系统故障等。
- 人为因素。人为失误可能是因为培训不足、工作没有连续性、粗心大意、错误操作、疲劳等原因造成的。
- 物理因素。考虑设施建设的物理条件、危险工艺和副产品、易燃品的贮存、设备的布置、照明、紧急通道与出口、避难场所邻近区域等。
- 管制因素。彻底分析紧急情况,考虑如下情况的后果:出入禁区、电力故障、通信电缆中断、燃气管道破裂、水害、烟害、结构受损、空气或水污染、爆炸、建筑物倒塌、化学品泄漏等。

（3）应急能力分析

对所有紧急情况应考虑如下问题：所需要的资源与能力是否配备齐全；外部资源能否在需要时及时到位；是否还有其他可以优先利用的资源；预案编制；预案的评审与发布；预案的实施。

3）案例——消防安全应急预案

第一条　为加强和规范场馆消防安全管理,预防火灾和减少火灾危害,根据《中华人民共和国消防法》以及《机关、团体、企业、事业场馆消防安全管理规定》,结合场馆实际,特制定本消防安全应急预案。

第二条　制定消防应急预案是为了提高场馆内部的自防、自救能力,使全体工作人员都能了解和掌握火灾的特性,一旦发生火灾事故,能做到有计划、有步骤、准确、及时、有效地进行扑救,使火灾损失减少到最低程度,请各部门严格执行。

第三条　场馆成立消防安全应急指挥小组,负责场馆火灾现场指挥,消防安全应急指挥小组由场馆负责人和分管安全经理及有关部门成员组成。消防应急指挥小组的职责如下：指挥协调各工作小组和义务消防队开展工作,迅速引导人员疏散,及时控制和扑救初起火灾；协调配合公安消防部门开展灭火救援行动。

具体分工如下：立即组织人员进行扑救；组织人员疏导被困人员,维持现场秩序；立即同场馆、公安、消防部门取得联系,说明详细事故地点、事故情况,并派人到路口接应；现场物资、车辆的调度。

第四条　根据人员的变动及时调整义务消防人员,每年对消防人员进行业务知识培训和实战演习,教育全体职工学习灭火器的使用方法,掌握灭火器的灭火要点和自救器材的完好情况,及时更换过期和失效的灭火器,保证灭火器的正常有效。

第五条　火灾事故应急措施。

报警：场馆员工、值班人员发现火情后应立即向场馆安全部门报警,根据火情可直接报"119"火警。

接警：安全部门接警后,应立即向场馆领导和消防应急指挥小组报告,通知各工作小组和义务消防队启动应急预案。

处置：指挥各工作小组、义务消防队迅速集结,按照职责分工,进入相应的位置开展灭火救援行动。对火灾现场人员进行有序的疏散。遵循扑救火灾时按照"先控制后灭火；

救人重于救火；先重点后一般"的灭火战术原则，并派人及时切断电源，接通消防水泵电源，组织抢救伤亡人员，隔离火灾危险源和重要物资，充分利用场馆的消防设施进行灭火。当伤员身上燃烧的衣物一时难以脱下时，可让伤员躺在地面滚动，或用水扑灭火焰，并立即送场馆进行救治。

- 协助消防员灭火。在自救的基础上，当专业消防队到达火灾现场后，火灾事故应急指挥小组要简要地向消防队负责人说明火灾情况，并全力支持消防队员灭火，要听从消防队的指挥，齐心协力，共同灭火。
- 保护现场。当火灾发生时和扑救完毕后，指挥小组要派人保护现场，维护现场秩序，等待对事故原因及责任人的调查，同时应立即采取善后工作，及时清理，将火灾造成的垃圾分类处理并采取其他有效措施，从而将火灾事故对环境造成的污染降到最低限度。
- 火灾扑灭后，由安全部门协助公安消防部门查明火灾原因，调查火灾损失。

第六条 火灾事故调查处置。按照《场馆事故（事件）报告分析处理制度》规定，消防安全应急指挥小组在调查和审查事故情况报告出来以后，应做出有关处理决定，重新落实防范措施，并报场馆应急抢救领导小组和上级主管部门审批。

第七条 应急物质。备药品：消毒用品、急救物品（绷带、无菌敷料）及各种常用小夹板、担架、止血带、氧气袋、灭火器等救火物资。注意，贵重的书画文物、重要的档案资料及带电设备等一旦着火不可用水扑救。

4.4.3 电子竞技场馆的卫生安全管理

卫生是指个人和集体的生活卫生和生产卫生的总称。一般是指为增进人体健康，预防疾病，改善和创造合乎生理、心理需求的生产环境、生活条件所采取的个人和社会的卫生措施。

1. 电子竞技场馆卫生安全管理内容

对电子竞技场馆而言，卫生管理主要包括以下内容。

1）**严格执行电子竞技场馆卫生标准**

技术意义上的标准是一种以文件形式发布的统一规定，其中包含用来为某一范围内的活动及其结果制定规则、导则或特件定义的技术规范或者其他精确准则，其目的是确保材料、产品、过程和服务能够符合需要。标准往往对应该严肃对待的方面有深远影响。

标准是对重复性事物和概念所做的统一规定，它以科学、技术和实践经验的综合成果为基础，经有关方面协商一致，由主管机构批准，以特定形式发布，作为共同遵守的准则和依据，其本质属性是一种"统一规定"，这种统一规定是作为有关各方"共同遵守的准则和依据"。根据《中华人民共和国标准化法》规定，我国标准分为强制性标准和推荐性标准两类。强制性标准必须严格执行，做到全国统一。推荐性标准鼓励企业自愿采用，但推荐性标准如经协商，并计入经济合同或企业向用户做出明示担保，有关各方则必须执行，做到统一。

卫生标准是指根据健康要求对生产、生活环境中化学、物理及生物的有害因素的卫生学容许限量值,即最高容许浓度,它是根据环境中有害物质和机体之间的剂量-反应关系,考虑到敏感人群和接触时间而确定的对人体健康不会产生直接或间接有害影响的"相对安全浓度"。环境中有害物质的最高容许浓度是通过现场调查研究和科学实验确定的,由相关单位提出制定卫生标准的科学依据,结合经济和技术的可行性,由国家主管部门批准并正式颁布后,成为法定卫生标准。

卫生标准一经批准就是技术法规,各级生产、建设、设计、文教部门和企事业单位都必须贯彻执行。在卫生行政部门的领导下,卫生监督机构(卫生防疫、劳动卫生与职业病防治、环境卫生监测、放射卫生防护与工业卫生等机构)对贯彻执行情况应实行预防性和经常性卫生监督。凡不符合标准要求而又坚持不改的,可根据情节轻重分别予以批评、处分、经济制裁,直至追究法律责任。

日常饮食中,人们还要有一定的判断能力,什么能吃,什么不能吃,都要在自己的心中有一个大概的标准。

2) 健全电子竞技场馆卫生管理规范

所谓规范,是对某一工程作业或者行为进行定性的信息规定,因无法精准定量地形成标准,所以被称为规范。电子竞技场馆卫生管理规范包括如下内容。

① 体育场馆经营单位必须领取"公共场所卫生许可证"后方能营业。"公共场所卫生许可证"必须悬挂在场内明显处,并按国家规定定期到卫生监督部门复核。逾期3个月未复核的,原"卫生许可证"自行失效。

② 体育馆应有机械通风装置并运转正常,使用空调时,观众席的新风量每人每小时不得低于 $20m^3$。新建、改建、扩建或变更许可项目必须申报卫生监督部门审核,验收合格并取得卫生许可证后方能营业。

③ 经营场所的卫生条件和卫生设施必须符合《体育场馆卫生标准》的要求;应建立卫生管理制度和卫生管理组织,配备专职或兼职卫生管理人员,应建立和健全卫生档案;应协助、支持和接受卫生监督部门的监督、监测。

④ 从业人员必须持有效"健康证明"和"卫生知识培训证明"上岗,并按国家规定定期进行复检和复训。

⑤ 体育馆内应设有吸烟区,并有禁烟标志;观众禁止在馆内吸烟;有空调的室内场馆应有新风供应,新风入口应设在室外,远离污染源,空调器过滤材料应定期清洗或更换。

⑥ 根据观众席的座位数分别设置相应蹲位的男女卫生间;卫生间应有单独通风排气设施并无异味;卫生间应有有效的独立机械排气装置;间内应保持清洁卫生,设坐厕者必须使用一次性坐厕垫纸。

⑦ 供观众饮用的水须经消毒,其水质应符合《生活饮用水卫生标准》的要求;公用茶具要在专用消毒间消毒,消毒的茶具应符合卫生标准规定的要求。

⑧ 馆内应设有卫生室或急救室,并配有必要的器材、常用的急救药品及医护人员。

⑨ 场馆作其他公共场所使用时,应执行相应的公共场所卫生标准。

2. 电子竞技场馆卫生安全管理的方法

电子竞技场馆卫生安全管理的方法有标准化管理方法和目标管理法两种。

1）标准化管理方法

所谓标准，是指依据科学技术和实践经验的综合成果，在协商的基础上，对经济、技术和管理等活动中具有多样性、相关性征的重复事物，以特定的程序和形式颁发的统一规定。标准可分为技术标准和管理标准两大类。根据世界各国的经验，标准化是制度化的最高形式，是一种非常有效的工作方法，是指通过制定能确切反映电子竞技场馆卫生管理需求的产品或服务标准达到技术储备、提高效率、防止再发、教育训练的目的。

现场管理的工作要达到"五按五做五检"，即按程序、按线路、按标准、按时间、按操作指令；做什么、怎么做、什么时间做、按什么线路做、做到什么程度；由谁检查、什么时间检查、检查什么项目、检查的标准是什么、检查的结果由谁落实。

2）目标管理法

目标管理是指由下级与上级共同决定具体的绩效目标，并且定期检查目标完成情况的一种管理方式。由此而产生的奖励或处罚则根据目标的完成情况确定。目标管理法属于结果导向型的考评方法之一，以实际产出为基础，考评的重点是员工工作的成效和劳动的结果。通过一种专门设计的过程使目标具有可操作性，这种过程一级接一级地将目标分解到组织的各个单位。组织的整体目标被转换为每一级组织的具体目标，即从整体组织目标到经营单位目标，再到部门目标，最后到个人目标。在此结构中，某一层的目标与下一级的目标连接在一起，而且对每一位员工而言，目标管理法都提供了具体的个人绩效目标。

目标管理一般包括以下 4 个步骤和 4 个要素。步骤包括：制定目标，包括制定目标的依据、对目标进行分类、符合科学规范原则、目标须沟通一致等；实施目标；信息反馈处理；检查实施结果及奖惩。要素包括：明确目标、参与决策、规定期限和反馈绩效。

3）案例——食品安全管理制度

（1）索证索票制度。

严格审验供货商（包括销售商或者直接供货的生产者）的许可证和食品合格的证明文件。

对购入的食品，索取并仔细查验供货商的营业执照、生产许可证或者流通许可证、标注通过有关质量认证食品的相关质量认证证书、进口食品的有效商检证明、国家规定应当经过检验检疫食品的检验检疫合格证明。上述相关证明文件应当在有效期内首次购入该种食品时索验。

购入食品时，索取供货商出具的正式销售发票；或者按照国家相关规定索取有供货商盖章或者签名的销售凭证，留下真实地址和联系方式；销售凭证应当记明食品名称、规格、数量、单价、金额、销货日期等内容。

索取和查验的营业执照（身份证明）、生产许可证、流通许可证、质量认证证书、商检证明、检验检疫合格证明、质量检验合格报告和销售发票（凭证）应当按供货商名称或者食品种类整理建档备查，相关档案应当妥善保管，保管期限自该种食品购入之日起应不少于 2 年。

（2）查验记录制度。

每次购入食品时，应如实记录食品的名称、规格、数量、生产批号、保质期、供货者名称及联系方式、进货日期等内容。

采取账簿登记、单据粘贴建档等多种方式建立进货台账。食品进货台账应当妥善保存，保存期限自该种食品购入之日起应不少于2年。

食品安全管理人员应定期查阅进货台账和检查食品的保存与质量状况，对即将到保质期的食品，应当在进货台账中做出醒目标注，并在食品集中陈列或者向消费者做出醒目提示；对超过保质期或者腐败、变质、质量不合格的食品，应当立即停止销售，撤下柜台销毁或者报告工商行政管理机关依法处理，食品的处理情况应当在进货台账中如实记录。

（3）库房管理制度。

食品与非食品应分库存放，不得与洗化用品、日杂用品等混放。

食品仓库应实行专用并设有防鼠、防蝇、防潮、防霉、通风的设施及措施，并运转正常。

食品应分类、分架、隔墙、隔地存放。各类食品应有明显标志，有异味或易吸潮的食品应密封保存或分库存放，易腐食品要及时冷藏、冷冻保存。

贮存散装食品的，应在散装食品的容器、外包装上标明食品的名称、生产日期、保质期、生产经营者名称及联系方式等内容。

建立仓库进出库专人验收登记制度，做到勤进勤出，先进先出，定期清仓检查，防止食品过期、变质、霉变、生虫，及时清理不符合食品安全要求的食品。

食品仓库应经常开窗通风，定期清扫，保持干燥和整洁。

工作人员应穿戴整洁的工作衣帽，保持个人卫生。

（4）销售卫生制度。

食品销售工作人员必须穿戴整洁的工作衣帽，洗手消毒后上岗，销售过程中禁止挠头、咳嗽、打喷嚏应用纸巾捂口。

销售直接入口的食品必须有完整的包装或防尘容器盛放，并使用无毒、清洁的售货工具。

食品销售应有专柜，要有防尘、防蝇、防污染设施。

销售的预包装及散装食品应标明厂名、厂址、品名、生产日期和保存期限（或保质期）等。

（5）展示卫生制度。

展示食品的货架必须在展示食品前进行清洁消毒。

展示食品必须生熟分离，避免食品交叉感染。

展示直接入口的食品必须使用无毒、清洁的容器，保持食品新鲜卫生，不得超出保质期。

展示柜的玻璃、销售用具、架子、灯罩、价格牌不得直接接触食品，展示的食品不得直接散放在货架上。

展示食品的销售人员必须持有有效健康证明上岗，并穿戴整洁的工作衣帽。

（6）健康检查制度。

食品经营人员必须每年进行健康检查，取得健康证明后方可参加工作，不得超期使用健康证明。

食品安全管理人员负责组织本单位从业人员的健康检查工作,并建立从业人员卫生档案。

患有痢疾、伤寒、病毒性肝炎等消化道传染病的人员,以及患有活动性肺结核、化脓性或者渗出性皮肤病等有碍食品安全的疾病的人员,不得从事接触直接入口食品的工作。

(7) 卫生知识培训。

认真制定培训计划,定期组织管理人员、从业人员参加食品安全知识、职业道德和法律法规的培训以及操作技能培训。

新参加工作的人员,包括实习工、实习生必须培训、考试合格后方可上岗。

建立从业人员食品安全知识培训档案,将培训时间、培训内容、考核结果记录归档,以备查验。

(8) 用具清洗消毒。

食品用具、容器、包装材料应当安全、无害,保持清洁,防止食品污染,并符合保证食品安全所需的温度等特殊要求。

食品用具要定期清洗、消毒。

食品用具要有专人保管,不混用,不乱用。

食品冷藏、冷冻工具应定期保洁、洗刷、消毒,专人负责、专人管理。

食品用具清洗、消毒应定期检查、不定期抽查,对不符合食品安全标准要求的用具应及时更换。

(9) 卫生检查制度。

制定定期或不定期的卫生检查计划,将全面检查与抽查、问查相结合,主要检查各项制度的贯彻落实情况。

卫生管理人员负责各项卫生管理制度的落实,每天在营业后检查一次卫生,检查各岗是否有违反制度的情况,若发现问题,应及时指导改进,并做好卫生检查记录备查。每周进行1~2次的全面现场检查,对发现的问题及时反馈,并提出限期改进意见,做好检查记录。

4.5 电子竞技场馆的票务管理

电子竞技场馆(演出)赛事集竞技比赛、休闲娱乐、社交、文艺演出、购物及其他商业活动于一体,因此承载这个赛事、大型演出的电子竞技场馆必将接纳庞大的观众、运动员、管理人员、服务人员等,必须能够验证这些人员所持的票卡和证件是有效的。同时,越来越多的假票严重地影响着正常的票务市场,损害了举办方及观众的利益。引进电子售检票系统可以完全杜绝假票的问题,为电子竞技场馆的数字化建设提供支持,提升电子竞技场馆的形象。

根据电子竞技场馆对智能化建设的要求及系统建设的目标不仅是控制和监视入口,杜绝因伪造门票而造成的经济损失,而且要管理售票,杜绝内部财务漏洞和其他管理漏洞,快速精确地统计和实时查询售票数据、观众流量情况、预测各种门票数据等。

4.5.1 场馆售检票系统基本结构

电子竞技场馆售检票系统由场馆管理中心、网络、终端售票和验票通道系统组成,管理中心对所有的统计数据及门票的交易数据进行汇总处理。系统的业务流程可以分为:统一授权管理、分点售票、门禁系统验票、场馆汇总日结、营业数据上传、馆汇总统计分析、财务结算等。

4.5.2 电子竞技场馆票务系统建设基本要求

① 符合电子竞技场馆和公安部门相关保卫管理规定,并可以实现对接。部署在电子竞技场馆内网上的系统应与其他系统逻辑隔离,具备认证机制,采用BS架构,管理软件以Web形式展现方式。

② 设备的固定端口应支持多个窗口并行工作,包括网上预约取票、自动售票、人工售票等形式。移动端口应支持多个移动检票终端设备。应配备多个标准的伸缩翼检票通道设施(凭票验票进入馆内,红外感应走出馆内)。

③ 检票方式灵活,支持多种通道闸机设备及各类电子门票的快速检票和放行,为特殊人群(残疾人士、老人、孕妇、儿童等)设置特别检票通道。

④ 身份识别。支持二代身份证及其他证件自动识别,配备人脸识别系统,同时支持所配备的终端同时并行工作,并对实名录入证件信息设有黑名单管理,可控制同一证件限定时间内的领票数量。

⑤ 统计分析。能够保留所有到馆资料,实现大数据分析统计,按人群、时段等要素实时展现统计结果。

⑥ 设置不同权限的用户进行推送,可以根据需求实时查看相关观众人数的统计信息。

⑦ 通信方式。利用电子竞技场馆的现有网络实现移动与有线、无线方式的结合,增加无线AP使Wi-Fi覆盖售票区域。

⑧ 取票方式。采用多种取票方式,如网上预约取票、人工取票、微信二维码取票、短信验证码取票等。

⑨ 票面。分为两种票面——简易版及正式版(特色版面),一般以纸质条码门票为首选,具有制票成本低、票面美观、可留念等优点,要求能够使用各种纸张,同时也能支持卡式门票。

4.6 电子竞技场馆的风险管理

风险管理是对可能产生的各种风险,通过风险识别、风险估测、风险评价适时采取及时有效的方法进行防范和控制,用最经济合理的方法综合处理风险,从而以最小的成本收获最大的安全保障的一种科学管理方法(图4-15)。

电子竞技场馆通常是人群聚集的地方,器材故障、场地故障、民众情绪等均蕴藏着对

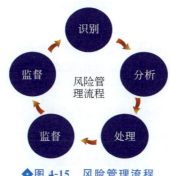

◆图 4-15　风险管理流程

人的伤害。电子竞技场馆的巨额投资以及大型赛事活动商务开发的不确定性等也让其运营存在巨大风险。同其他风险管理一样,电子竞技场馆风险管理的关键也在于对风险进行有效识别。

风险管理的目标包括两方面的内容：一是在风险损失产生前,通过有效的风险管理以最小的损失控制费用取得最大的综合经济效益,尽可能减少风险给人们带来的损失；另一方面是在风险损失发生后,通过风险管理的种种努力使损失减至最小,从而在损失发生后能够继续使其生存,并促使生产和生活尽快恢复,尽快实现稳定的收益,使生产经营持续增长。

4.6.1　电子竞技场馆的风险识别

1. 电子竞技场馆风险与分类

1) 电子竞技场馆风险

电子竞技场馆风险是指由于电子竞技场馆内外环境的不确定性、服务经营活动的复杂性和电子竞技场馆能力的有限性而导致电子竞技场馆的实际收益达不到预期收益,甚至导致电子竞技场馆服务经营活动失败的可能性。

相比传统体育赛事激烈的身体对抗、火爆的现场氛围,电子竞技赛事的现场气氛相对要温和很多,但仍然具备不少风险因素。例如,密集的观众发生拥挤踩踏、大量电子设备出现短路引发的失火、场馆设施老化导致的座位坍台、装置掉落等都是无法忽视的风险因素。

2) 电子竞技场馆风险分类

① 按风险原因分类：自然风险、人为风险、经济风险、技术风险。
② 按风险来源分类：外部风险、内部风险。
③ 按风险结果分类：纯粹风险、投机风险。
④ 按风险承受能力分类：可接受的风险、不可接受的风险。

2. 电子竞技场馆风险的识别与方法

1) 风险识别

风险识别是指通过连续、系统、全面的识别、判断与分析,确定风险管理对象的风险类型、受险部位、风险源、严重程度等,并且发掘因风险因素引发风险事故而导致风险损失的作用机理的动态行为或过程。

从风险识别的定义可知,风险识别过程主要有两个环节:一是查找风险源,分析风险类型、受险部位、风险损失严重程度;二是找出风险因素诱发风险事故并导致风险损失的原理。

电子竞技场馆风险识别评估清单可参考表 4-1。

表 4-1 电子竞技场馆风险识别评估清单

序号	场所/位置	风险源	辨别标准	可能造成的后果	风险类型
1	观众区	大客流	火灾、突发停电等突发事件下人群恐慌可能会导致拥挤踩踏事故的发生	人员伤亡 经济损失 社会心理影响	其他伤害(拥挤踩踏)
2		大客流	疏散通道、楼梯等处人员异常行为等可能导致人员拥挤、绊倒而引发拥挤踩踏	人员伤亡 经济损失 社会心理影响	其他伤害(拥挤踩踏)
3		包厢可燃装修材料	可燃装饰材料遇火源(面板电气短路或过负荷高温、明火等)可能会导致火灾	人员伤亡 经济损失	火灾
4		大型 LED 显示屏	显示屏电缆接头短路、设备老化、过负荷等可能会导致电缆火灾	人员伤亡 经济损失	火灾
5		高空悬挂物(如吊装灯、挂式音响等)	场馆内高空悬挂设施不牢固可能导致物体坠落,引起人身伤害事故	人员伤亡 经济损失	高处坠落
6		易碎装置(如玻璃墙、装饰、分隔玻璃等)	易碎装置可能因高温、外力重击等因素破碎,引起人身伤害事故	人员伤亡 经济损失	其他伤害
7		马道	场馆顶部上的马道可能导致高处坠落事故	人员伤亡 经济损失	高处坠落
8		钢结构附近的可燃物	高处包厢、可燃物遇火源可能导致火灾、钢结构坍塌	人员伤亡 经济损失 社会心理影响 环境影响	火灾 坍塌
9		观众席座椅	固定观众椅间距过小或间层过低可能导致人员绊倒、摔伤,引起人身伤害	人员伤亡 经济损失	高处坠落
10			场所内固定座椅或临时搭建的活动座椅可能导致人员坠落	人员伤亡 经济损失	坍塌 高处坠落
11		观众席周边护栏	护栏应人群拥挤受力过大而发生断裂或倒塌等情形,可能导致人员坠落、堆压、踩踏等伤害	人员伤亡 经济损失	高处坠落 其他伤害(拥挤踩踏)
12		观众席投掷物品	观众席向运动场内投掷物品可能引发人身伤害	人员伤亡	物体打击

续表

序号	场所/位置	风险源	辨别标准	可能造成的后果	风险类型
13	电子竞技竞赛、表演、商业活动区	舞台	场所内固定或临时舞台搭建不牢固可能导致坍塌	人员伤亡 经济损失 社会心理影响	坍塌 高处坠落 其他伤害
14			舞台升降机、威亚、机械道具等不正当使用可能导致高处坠落、物体坠落等,引起人身伤害	人员伤亡 经济损失 社会心理影响	高处坠落 其他伤害
15			钢索结构顶棚场馆火灾可能导致坍塌	人员伤亡 经济损失 社会心理影响	坍塌 其他伤害
16		场景布置	舞台布景时使用的激光灯、聚光灯等高温照明灯具可能导致附近可燃物燃烧	人员伤亡 经济损失 社会心理影响 环境影响	火灾 高处坠落 其他伤害
17			舞台灯光等大功率设备长时间运行而电器元件发热高温,可能导致灼烫、火灾	人员伤亡 经济损失 社会心理影响 环境影响	火灾 高处坠落 其他伤害
18			舞台布景时私自拉接电缆、插板过负荷受热,可能导致漏电、火灾	人员伤亡 经济损失 社会心理影响 环境影响	火灾 触电
19		场馆火炬、烟火表演	飞火可能会导致引燃可燃物	人员伤亡 经济损失	火灾
20	餐饮/零售区	物资、零售商品等可燃物	可燃物遇火源(电气短路、电弧作用)可能导致其燃烧	人员伤亡 社会心理影响	中毒
21		食品安全	餐饮及零售区域出售的食品可能存在食品卫生不达标等情况,引发人员食品中毒	人员伤亡 社会心理影响	中毒
22		用电	私自拉接电缆、插板过负荷受热,可能引发火灾。冰箱、自动贩卖机等设备接口、电线老化可能造成漏电等事故,引发火灾、人身事故伤害等	人员伤亡 经济损失 环境影响	火灾

续表

序号	场所/位置	风险源	辨别标准	可能造成的后果	风险类型
23	公共空间	用电	私自拉接电缆、插板过负荷受热可能引发火灾	人员伤亡 经济损失 环境影响	火灾 人员伤亡
24			插座等设备老化可能导致漏电,造成人员伤亡	人员伤亡 经济损失 社会心理影响	触电
25		闸机	人流量较大的情况下,闸机故障或空间过窄可能导致身体被机械装置卡住或因拥挤引发踩踏等事故	人员伤亡 经济损失 社会心理影响	机械伤害其他伤害(拥挤、踩踏)
26		过道、楼梯(间)	人流量较大的情况下,过道、楼梯(间)空间过窄可能导致拥挤,引发踩踏等事故	人员伤亡 经济损失 社会心理影响	其他伤害(拥挤、踩踏)
27			紧急状态下过道、楼梯间标识不清可能造成拥挤或踩踏等事故	人员伤亡 经济损失 社会心理影响	其他伤害(拥挤、踩踏)
28		电(扶)梯	电梯控制系统缺陷等故障可能导致乘客坠落、机械伤害	人员伤亡 经济损失 社会心理影响	机械伤害
29		集散区域	无集散区域或集散区域面积过小可能导致突发情况下不能及时疏散在场人员,从而导致人员拥挤发生踩踏事故等	人员伤亡 经济损失 社会心理影响	其他伤害(拥挤、踩踏)
30			集散区域设计不合理可能在疏散过程中造成人员伤亡	人员伤亡 经济损失 社会心理影响	其他伤害(拥挤、踩踏)
31		可燃物(商品、家具等)	商品、装修材料、可燃家具等遇火源(电气短路、电弧、明火)可能导致火灾	人员伤亡 经济损失 环境影响	火灾
32			烟头明火可能导致可燃物燃烧	人员伤亡 经济损失 环境影响	火灾
33		停车场	未进行人车分离可能导致交通事故,造成人员伤亡	人员伤亡 经济损失	其他伤害
34			停车位设置或画线不合理可能导致车辆碰撞	经济损失	其他伤害
35	更衣室	可燃物	使用期间可燃物遇明火可能引发火灾,导致人员伤亡	人员伤亡 经济损失 环境影响	火灾
36	淋浴房	湿润地面	淋浴间地面未采用防滑措施可能导致人员摔倒,引发意外	人员伤亡 经济损失	其他伤害

续表

序号	场所/位置	风险源	辨别标准	可能造成的后果	风险类型
37	办公区域、功能用房	用电	私自拉接电缆、插板过负荷受热可能引发火灾	人员伤亡 经济损失 社会心理影响 环境影响	火灾 触电
38		用电	插座等设备老化可能导致漏电,造成人员伤亡	人员伤亡 经济损失 社会心理影响	触电
39			电气设备故障或操作不当可能导致触电	人员伤亡 经济损失 社会心理影响	触电
40		可燃物	装修材料、可燃家具等遇火源(电气短路、电弧、明火)、高温(电暖炉等)可能导致火灾	人员伤亡 经济损失 社会心理影响 环境影响	火灾
41			烟头等明火可能导致可燃物燃烧	人员伤亡 经济损失 社会心理影响 环境影响	火灾
42	厨房	天然气、煤气储气瓶等	天然气、煤气等气体泄漏,遇火源、高温可能导致火灾、爆炸、中毒窒息等事故	社会心理影响 环境影响	容器爆炸、中毒和窒息
43		可燃物、食用油等物质	厨房用油、可燃物等物质遇火源可能导致火灾等事故	人员伤亡 经济损失 环境影响	火灾 其他爆炸
44		大功率设备(如烤箱、消毒柜、热水器等)	设备长时间运行而电器元件发热高温可能导致火灾	人员伤亡 经济损失 环境影响	火灾
45			设备缺陷或炙烤、消毒物品高温可能导致火灾、爆炸	人员伤亡 经济损失 环境影响	火灾 其他爆炸
46			热水器操作不当可能造成设备损坏、高温液体喷溅,造成爆炸、灼烫	人员伤亡 经济损失 环境影响	其他爆炸 其他伤害
47		排油烟管道	厨房内排油管道内、排烟口、净化器等设备内油污因高温或油锅操作不当可能导致起火	人员伤亡 经济损失 环境影响	火灾
48		高压锅等风险性较高的厨房电器	高温加热设备操作不当使沸腾高温液体喷溅,可能导致爆炸、灼烫	人员伤亡 经济损失	灼烫 容器爆炸

续表

序号	场所/位置	风险源	辨别标准	可能造成的后果	风险类型
49	厨房	用电	私自拉接电缆、插板过负荷受热可能引发火灾	人员伤亡 经济损失 环境影响	火灾
50			厨房清洗区域在潮湿环境下可能导致电器漏电	人员伤亡 经济损失 环境影响	触电
51			电器设备接口老化可能导致漏电,引发触电或火灾,导致人身事故	人员伤亡 经济损失 环境影响	火灾 触电
52	施工现场	乙炔、氧气等易燃易爆气体	施工使用乙炔、氧气等易燃易爆气体可能导致泄漏、爆炸、起火	人员伤亡 经济损失 环境影响	火灾 其他爆炸
53		可燃物	焊接等可能产生明火作业的周围存在可燃物,可能引发火灾	人员伤亡 经济损失 环境影响	火灾
54		叉车、起重机、登高车等机械设备	使用起重机安装装饰品,吊物脱钩掉落等可能导致人身伤害事故	人员伤亡 经济损失	机械伤害
55		脚手架	场所内吊顶、排烟管等高处维保时因脚手架固定不牢固等可能导致倒塌	人员伤亡 经济损失	坍塌
56		切割设备	装修施工时操作人员存在与机械叶轮、刀锯的接触,可能导致机械伤害	人员伤亡 经济损失	机械伤害
57	机房	用电	设备长时间运行而电器元件发热、高温,可能导致火灾	人员伤亡 经济损失 社会心理影响	火灾
58			工作人员在操作、检修时由于电气设备故障或操作不当可能导致触电事故	人员伤亡 经济损失 社会心理影响	触电
59		可燃物	设备接口、电线老化可能造成漏电等事故,引发火灾、人身伤害事故等	人员伤亡 经济损失 社会心理影响	火灾
60		灭火气体	灭火系统误动作(控制失效或阀门缺陷)而使气体喷放,可能导致人员窒息	人员伤亡 经济损失 环境影响	中毒和窒息

续表

序号	场所/位置	风险源	辨别标准	可能造成的后果	风险类型
61	变、配电室（间）	变压器、配电柜、电缆、可燃物	变压器、配电柜因短路、过负荷等故障可能引发火灾	人员伤亡 经济损失 环境影响	火灾
62		配电柜、电缆	在操作、检修时由于电气设备故障或操作不当引起触电事故	人员伤亡 经济损失	触电
63		灭火气体	灭火系统误动作（控制失效或阀门缺陷）而气体喷放，可能导致人员窒息	人员伤亡 经济损失 社会心理影响	中毒和窒息
64		其他电气设备	工作人员在操作、检修时由于电气设备故障或操作不当引起触电事故	人员伤亡 经济损失	触电
65	灭火系统	高压气瓶	气体灭火瓶设备失效或安全阀失效等超压，可能导致爆炸、中毒窒息	人员伤亡 经济损失 社会心理影响	容器爆炸 中毒和窒息
66	发电机房	可燃物、易燃液体等物质	机房内可燃物、易燃液体及燃料等物质遇火源可能导致火灾等事故	人员伤亡 经济损失 环境影响	火灾 中毒和窒息 拥挤踩踏
67	锅炉房	锅炉	操作不当可能造成设备失效或锅炉压力过大，导致高温液体泄漏、爆炸、人员伤亡等	人员伤亡 经济损失 环境影响	火灾 容器爆炸 中毒和窒息
68		可燃物、易燃液体等	锅炉房内可燃物、易燃液体以及燃料等物质，遇火源可能导致火灾、爆炸、中毒窒息等事故	人员伤亡 经济损失 社会心理影响	火灾 其他爆炸 中毒和窒息
69	水处理间	危险化学品（如消毒用药次氯酸钠）	危险化学品用量过度或未采取安全措施可能导致人员中毒	人员伤亡 经济损失 环境影响	中毒
70			危化品管理不当造成泄漏可能导致人员中毒	人员伤亡 经济损失 环境影响	中毒
71	其他	场馆顶部和外立面	对钢结构、气膜结构等场馆顶部和外立面等建筑部位进行高空维护或清洁作业时，若安全保障不到位，可能导致从高处坠落引发人员伤亡	人员伤亡	高处坠落

2）风险识别的原则

（1）系统全面的原则。

风险辨识应坚持做到"横向到边，纵向到底，不留死角"，全面系统地考察、了解、分析各种风险事件存在和可能发生的概率以及损失的严重程度，风险因素及因风险的出现而导致的其他问题。风险发生的概率及其后果的严重程度直接影响着风险控制策略和管理效果。因此，必须全面了解各种风险的存在和发生及其可能引起的后果的详细情况，以便及时而清楚地为决策者提供比较完备的决策信息。

（2）动静态结合的原则。

风险随时随地都会存在，其中包括不同类型、不同性质、不同损失程度的各种风险，仅运用某一种独立的分析方法难以对全部风险进行辨识，建议综合使用多种分析方法，采用动态分析与静态分析相结合的方式，全面持续地开展辨识活动，随时调整风险判别方法和评价边界条件。

（3）实事求是的原则。

风险识别的目的在于为风险评估提供前提和决策依据，以保证控制风险在可接受程度或最大限度地减少风险损失。因此，积极运用现有的人力资源、工器具、科技手段、计算方法以及规范性技术标准等开展辨识，并在辨识过程中避免无中生有、无限延伸、无边界条件等莫须有的、人为夸大的危害程度，以保证辨识工作的顺利开展。

（4）科学创新的原则。

风险辨识一定要建立在严谨的科学基础之上。风险的识别和量化定性要以严格的技术手段作为分析工具，在充分利用新技术、大数据、新算法等先进工具，全面收集信息的基础上进行统计分析和计算，以取得科学合理的分析结果。

3）风险识别的方法

风险识别过程包含感知风险和分析风险两个环节。

（1）感知风险

了解客观存在的各种风险是风险识别的基础，只有通过感知风险，才能进一步在此基础上进行分析，寻找导致风险事故发生的条件因素，为拟定风险处理方案、进行风险管理决策服务。

① 模型感知。通过判断或归类的方式对现实的和潜在的风险性质进行鉴别，Cunningham(1967)首先提出了双因素模型，即风险=损失的不确定性的结果的危害性。双因素模型已成为感知风险研究的主流模型。

② 头脑风暴感知。假设自己在同一条件下发散思维，感受、体验自己所在情况下会出现的风险，目的在于产生新观念或激发创新设想，以及获得角色转变下的风险感知。

（2）分析风险

分析引起风险事故的各种因素，它是风险识别的关键。

① SWOT分析法。是用来确定企业自身的竞争优势、竞争劣势、机会和威胁，从而将公司的战略与公司内部资源、外部环境有机地结合起来的一种科学的分析方法。可以利用SWOT分析法分析出自己公司所处的情况，从而利用优势找到突破口。

② 专家调查法。寻找有经验或者有知识的专家团队，根据自身的企业发展情况与产品发展情况进行分析。在公司内部统计数据以及实际情况数据的支持下，找出公司潜在的风险及其解决方法。

③ 德尔菲法（Delphi method）。采用背对背的通信方式征询专家小组成员的预测意见，经过几轮征询，使专家小组的预测意见趋于集中，最后做出符合市场未来发展趋势的预测结论，可以使意见更加明显和集中，集思广益地分析出风险点的所在。

④ 历史信息核对法。调用业务相关历史资料信息（包括原始资料等），从头开始寻找

风险点的来源,并分析出可能出现的其他风险,从而做出对应的解决方法,但会使用较多的人力和物力。

4.6.2 电子竞技场馆的风险应对

电子竞技场馆提供了多种大型体育竞技、商业演出、社会活动的场景,在这些大型、室内、人员密集活动项目的开展过程中,难以避免各类突发事件,为了有效防止突发事件的发生,在项目进行的过程中要做到有效预防和风险规避,以及形成相应的风险应对办法,这是任何一家电子竞技场馆经营方都必须严格遵守的基本条件。

1. 电子竞技场馆项目风险规避措施

这是项目风险应对中采取较多的一种风险应对措施,从根本上放弃项目或放弃使用有风险的项目资源、项目技术、项目设计方案等,在识别和评价出的项目风险发生概率大且可能造成十分严重的后果时,或项目风险的可能损失远远大于项目的可能收益时采取规避项目风险的措施。

2. 电子竞技场馆项目风险遏制措施

这是指在项目风险刚刚发生、尚未出现后果的阶段采取的项目风险遏制应对措施,从遏制项目风险引发原因的角度出发应对项目风险。但是这种应对措施要求风险管理必须有强大的管控能力以遏制风险的产生,否则反而会造成不良后果。

3. 电子竞技场馆项目风险转移措施

这类项目风险应对措施大多用来应对项目管理者难以控制、发生概率小、损失程度大的项目风险,包括非保险的风险转移和购买保险转移风险两种方式。

① 非保险的风险转移。这种项目风险转移的应对措施大多是借助于合同和协议的方式,将项目风险后果的经济或法律责任转移给他人承担。例如,电子竞技场馆建设风险管理中采用的让建筑商或业主方与第三方签署合同或协议,把某些可以代理的项目转让给这些机构,从而减少承担风险的可能性。

② 购买保险转移风险。通过购买保险的方式转移项目风险是最常用的项目风险转移方式。建筑商或业主方预先支付一定的保险费用给保险公司,发生风险后,如果在保险期限内并符合保险责任,则由保险公司负责承担保险金额以内的经济赔偿。购买保险是一种有效的风险财务手段,是电子竞技场馆建设项目减少风险损失的重要工具。

对于电子竞技场馆建设项目来说,应向保险公司投保工程保险,但是由于工程保险在我国普及度不高,建筑商对投保工程保险的认知度不高,对风险的认识程度不高,这都会影响工程保险在我国的发展。一旦发生风险,只能自留或规避,所以在电子竞技场馆风险管理中,为了以防万一,最大限度地减少损失,都要投保工程保险。

4. 电子竞技场馆项目风险化解措施

这类措施对采用的时机或时效性的要求很高,从化解项目风险产生出发,控制和消除项目具体风险的引发原因,这是一种要求快速反应的项目风险应对措施。

项目风险化解措施是在项目风险发生阶段和项目风险后果阶段所需采取的措施,是应对无预警信息项目风险的主要应对措施,因为在项目风险的这些阶段已经没有可能规避、转移和分担项目风险了。

5. 电子竞技场馆项目风险容忍措施

风险容忍措施是最基本和采用最多的项目风险应对措施,针对那些项目风险发生概率小、损失后果较小、项目风险尚处于潜在阶段的项目,但是风险容忍措施必须合理使用,一旦突破了容忍程度,就必须采用其他应对措施。

6. 电子竞技场馆项目风险分担措施

这种措施通常是通过项目任务的承发包实现的,这是指根据项目风险的大小和项目相关利益者承担风险能力的不同,分别由他们合理地分担项目风险及其后果的一种应对措施。这种项目风险应对措施多采用合同的方式转由项目实施组织承担。

表 4-2 为重大安全风险应急装备的参考说明。

表 4-2 重大安全风险应急装备参考

类　　别	装 备 名 称
通用类	头盔、手套、抢险救援服、防护靴、呼救器、方位灯、轻型安全绳、安全带、担架、应急灯、苏生器、警戒带、手持扩音器、运输车辆、装备车、救护车、消防车、供水车、应急指挥车、空气充填泵、对讲机、移动电话、报警电话、气体探测仪、测温仪、灭火器、消防铲、消防水带、消防水枪、水幕发生器、水幕枪、普通五金工具
人员密集场所	防火服、防火手套、防毒面具、输液设备、骨折固定托架(板)、移动照明灯组、防穿刺鞋、安全围栏、移动房屋、杀菌灯、高压泡沫抢险救援车、高压喷水车、排烟抢险救援车、消防登高云梯车、气体分析化验车、有毒有害气体应急救援车、通信指挥车、吊车、清障车、有线广播器材、应急搜索机器人、有毒气体探测仪、有毒气体吸收装置、音(视)频生命探测仪、风力灭火机、大型鼓风机、挖掘机、装载机、铲运机、推土机、翻土机、凿岩机、液压扩张器、破拆工具、排污泵

注:参考目录并不涵盖所有装备和物资

4.6.3　电子竞技场馆的风险预警

1. 电子竞技场馆风险预警的概念

风险预警是指在电子竞技场馆开展的各项赛事活动项目的过程中根据项目风险管理计划和项目实际发生的风险与项目发展变化所开展的各种监督和预警活动,这是建立在项目风险的阶段性、渐进性和可控性基础之上的一种项目风险管理工作,因为只有当人们认识了项目风险发展的进程和可能性后,项目风险才是可控的。更进一步,当人们认识了项目风险的原因及其后果等主要特性后,那么它就可以开展监控了。只有当人们对项目风险一无所知时,它才是不可控的。

项目风险是发展和变化的,这种发展与变化也会随着人们的控制行为而发生变化。人们对项目风险的控制过程就是一种发挥主观能动性改造客观世界的过程,此时产生的各种信息会进一步完善人们对项目风险的认识和把握程度,使人们对项目风险的控制行为更加符合客观规律。实际上,人们对项目风险的监控过程就是一个不断认识项目风险和不断修订项目风险监控决策与行为的过程,这一过程是一个通过人的行为使项目风险逐步从不可控向可控转化的过程。

项目风险预警的内容主要包括实施项目风险管理计划、进一步开展项目风险的识别、辨识项目风险发生预兆的特征、监视和监督项目风险的发展、实施项目风险应对的措施、应对和处理已发生的风险事件、消除或缩小项目风险事件的后果、管理和使用项目不可预见费用等。

2. 电子竞技场馆风险预警的方法

(1) 建立项目风险事件预警体制。

制定整个项目风险的预警方针、程序和管理体制的工作,包括项目风险责任制、项目风险报告制、项目风险预警决策制、项目风险预警的沟通程度等。

(2) 确定预警的具体项目风险。

按照项目风险后果的严重程度、发生概率、风险预警资源等情况确定,从而确定出对哪些项目风险进行预警,对哪些项目风险容忍并放弃对它们的预警。

(3) 确定项目风险的预警责任。

所有需要预警的项目风险都必须落实到具体负责预警的人员,并规定他们所负的具体责任。每项项目风险预警工作都要由专人负责,而不能分担,而且要由合适的人员负责。

(4) 确定项目风险预警的行动时间。

这是项目风险预警时间的计划和安排,规定了解决项目风险问题的时间限制等。项目风险的损失多数是因为错过预警时机而造成的,所以项目风险预警时间计划很重要。

(5) 制定各个具体项目风险的预警方案。

首先要找出能够预警项目风险的各种备选方案,然后对方案做必要的可行性分析和评价,最终选定采用的风险预警方案并编制项目预警方案文件。

(6) 实施各个具体项目风险预警方案。

此时必须根据项目风险的实际发展与变化不断修订项目风险监督方案与方法。对于某些具体项目风险而言,项目风险预警方案的修订与实施几乎是同时进行的。

(7) 跟踪各个具体项目风险的预警结果。

目的是收集项目风险预警工作的结果信息并给予反馈,用来指导项目风险预警工作。通过跟踪给出项目风险预警信息,根据信息改进项目风险预警工作,直到风险预警完结为止。

(8) 判断项目风险是否已经消除。

如果认定某项目风险已经消除,则该项目的风险预警工作宣告完成,若判定某项目风险仍未消除,就需要重新识别和评价项目风险。

4.6.4 电子竞技场馆的风险预控实施

1. 电子竞技场馆风险预控的指导思想

电子竞技场馆应坚持人本安全发展观,牢固树立"事故可防可治""风险失控即事故"的安全理念,始终把安全风险预控放在隐患前面,将隐患排查治理放在事故前面,严格落实关口前移、风险导向、源头治理、精准管理、科学预防、持续改进的要求,围绕发现风险、管控风险这一中心,构建危险源辨识、风险评估、风险管理对象确定、管理标准和管理措施制定、危险源公告、危险源监测、风险预警和处理的安全风险预控管理机制,确保安全风险的在控、可控,有效消灭和控制各类事故的发生。

2. 成立领导机构

① 电子竞技场馆运营企业应成立安全风险预控工作领导组,对所属各单位(包括地面企业)的安全风险预控管理工作进行统一组织、协调、监督、指导,并不断完善安全风险预控管理机制。

② 各部门要建立"横向到边,纵向到底"的安全风险预控管理责任体系,成立由主要负责人(部门经理)为组长的安全风险预控管理实施领导组,明确主要负责人是安全风险预控管理的第一责任人,对安全风险预控管理工作全面负责;各分管负责人负责分管范围内的安全风险预控管理工作,其他岗位人员负责本岗位的安全风险管控工作。

3. 建立安全风险分级制度

对电子竞技场馆发现的安全风险按照"红、橙、黄、蓝"四个等级进行分级,红色为最高级,橙色为较高级,黄色为一般级,蓝色为最低级(见表4-3)。

表 4-3 风险评估标准

安全风险分级	危 险 程 度
红色风险(重大风险)	极其危险,必须高度关注,重点防控
橙色风险(较大风险)	高度危险,应采取严密的防控措施
黄色风险(一般风险)	显著危险,应采取有效的防控措施
蓝色风险(低风险)	一般危险,严格按照规章正规操作

红色风险:发生的事故难以控制,会造成多人伤亡和巨额财产损失,社会影响恶劣,需要各部门制定严格的制度、措施,并重点管控。

橙色风险:发生的事故较难控制,会造成多人伤害或发生死亡事故,后果严重,需要各部门严格执行相关规定要求,重点管控。

黄色风险:有发生严重伤害事故的风险,需要各部门逐级落实措施,重点防控。

蓝色风险:有发生一般伤害事故的风险,需要各部门及岗位操作人员加强防范,正规操作。详细风险预控措施见表4-4。

表 4-4　电子竞技场馆风险预控措施(参考)

危　险　点	风险预控措施
工程施工人员精神状态不佳	工作前必须认真确认作业人员是否能正常工作;检查作业人员是否正确佩戴防护及安全工器具
现场工器具、设备、备品、备件未定置摆放	现场工器具、设备、备品、备件应定置摆放,必须做到"三不落地,三整齐"
擅自变更现场安全措施	施工单位确需变更安全标示牌、围栏、场地机械设备作业通道时,须征得电子竞技场馆业主方许可人的同意,工作完成后及时联系许可人恢复安全措施
设备损坏	保洁人员在实施电子竞技场馆清洁工作之前,须事先征得场馆业主方同意,在业主方人员的监督和指导下完成电子设备的清洁和维护工作,防止操作不当,导致设备损坏
触电伤害	接拆临时电源人员必须持有有效电气操作证。不得乱接电源,并按要求"一机一箱一闸一漏",工作接地、电源线、箱要标色。专人管理临时电源箱。临时电源线架设高度室内不低于 2.5 米;室外不低于 4 米;跨越道路时不低于 6 米;电源线外绝缘良好,无破损;电源盘合格证在有效期内;电源插头、插座确保完好。不准将电源线缠绕在护栏、管道和脚手架上
搭建伤害	舞台搭建人员应佩戴安全帽和施工证件;严格遵守大型体育场馆搭建标准和流程,不得违建;施工区域应设置隔离带和防护栏,严禁无关人员随意进入;搭建期间严格遵守场馆消防安全条例,做好防火措施
高空坠落、高空坠物	进入现场人员必须戴好安全帽。从事高处作业的人员必须身体健康;患有精神病、癫痫病以及经医师鉴定患有高血压、心脏病等不宜从事高处作业病症的人员不准参加高处作业,凡发现工作人员精神不振时,禁止登高作业。上、下施工人员密切配合,上方施工人员指挥下方施工人员。作业区必须设置围栏或安全绳,必须系安全带,禁止"低挂高用"。高处作业人员应携带工具袋,较大的工具应系保险绳,用绳、袋等方法传递物品,严禁抛掷。作业人员上架前应检查脚手架合格,方可使用;工作过程中,不准随意改变脚手架的结构,必要时,必须经过搭设脚手架的技术负责人同意,并再次验收合格后方可使用;脚手架上不能超重,堆放整齐,不得超高,废物及时清理,不准在脚手架和脚手板上起吊重物。工作场所的孔、洞、坑、井、沟道必须覆以与地面齐平的坚固盖板;发现洞口盖板缺失、损坏或未盖好时,必须立即填补、修复盖板并及时盖好;在检修工作中,如需将盖板取下,必须设有牢固的临时围栏,并设有明显的警告标志,夜间还应设红灯示警;不准使用麻绳、尼龙绳等软连接代替防护围栏
起重伤害	起重作业时,确保起重机基础牢固。坚决执行"十不吊"原则。操作人员必须遵从专业人员的正确指挥,不允许擅自操作;不允许多人指挥。吊装作业区周边必须设置警戒区域,并设专人监护。起吊重物不准让其长期悬在空中,有重物暂时悬在空中时,不准驾驶人员离开驾驶室或做其他工作。在起重作业区周围设置明显的起吊警戒和围栏,与工作无关人员不准在起重工作区域内行走或者停留;起重机正在吊物时,任何人不准在吊杆和吊物下停留或行走。起重前必须将物件牢固、稳妥地绑住;吊拉捆绑时,重物或设备构件的锐边快口处必须加装衬垫物。吊钩要挂在物品的重心上,当被吊物件起吊后有可能摆动或转动时,应采用绳牵引的方法,防止物件摆动伤人或碰坏设备。选择牢固可靠、满足载荷的吊点。遇大雪、大雨、雷电、大雾、风力 5 级以上等恶劣天气时,严禁进行户外或露天起重作业;指挥人员看不清各工作地点或起重驾驶人员看不清指挥人员时,不准进行起重工作

续表

危 险 点	风险预控措施
搬运作业	作业人员应根据搬运物件的需要,穿戴披肩、垫肩、手套、口罩、眼镜等防护用品。不准在门口、人行通道、消防通道、楼梯等处放置杂物。搬运的过道应平坦畅通,如需经过陡坡或凹凸不平之处,应预先勘测道路。禁止超载搬运,多人搬运要统一协调。手搬物件时,物件的高度不得超过人的眼睛;搬运管子、工字铁梁等长形物件时,应注意防止物件甩动、打伤他人。一般堆置物应堆放整齐,高度不超过5m;不准在建构筑物临边5m范围内堆码工件、物料等。人员不得在堆置物旁边工作或休息
安全通道	电子竞技场馆的安全疏散通道必须有清晰醒目的标识;赛事活动期间,必须有工作人员站在通道出口为观众引导;安全通道不得存放物品,保持畅通;安全通道的应急灯和扶梯、楼道等设施必须定期检修

4. 电子竞技场馆管控标准和管控措施的制定

① 电子竞技场馆安全风险管控标准是针对场馆管理对象所制定的用于消除或控制风险的准则,是指达到安全风险管控标准的具体方法、手段。

② 电子竞技场馆安全风险管控标准应以国家相关法律、法规、标准、规程、规范为依据进行制定;要明确由谁、用什么办法达到安全风险管控的标准,主要包括工程技术措施、管理措施、培训教育措施、个体防护措施、应急处置措施。

③ 电子竞技场馆安全风险管控标准和管控措施应由对应的安全风险辨识评估组织者、参与者一同制定,并贯彻执行措施。

④ 前述专项辨识评估以外情况的,场馆经营过程中特殊的地质因素变化、环境变化、装备设施变化、系统变化、作业状态(特殊作业)变化应由专业分管负责人组织风险辨识评估并制定风险管控措施。

附录及参考文献

◆附录 A　电子竞技场馆建设标准

◆附录 B　电子竞技场馆运营服务规范

◆附录 C　电子竞技场馆建设规范

◆附录 D　电子竞技场馆运营服务规范

◆参考文献